KB219288

Letters to a Young Teacher

젊은 교사에게
보내는 편지

Letters to a Young Teacher

젊은 교사에게 보내는 편지

조너선 코졸 지음 | 김명신 옮김

문예출판사

일러두기

본문 중〔 〕안의 설명은 옮긴이 주입니다.

프란체스카 선생님과

학생을 사랑하고 정의에 대한 목마름을 가지고

교실에 들어가는 나이가 젊은,

또는 마음이 젊은 모든 선생님들을 위해

차례

독자에게 전하는 말

이 책의 편지들은 프란체스카(가명)라는 초임 교사가 보스턴 도심의 저소득층 거주지에 있는 어느 초등학교에 갓 부임한 뒤 나한테 써 보낸 편지들에 대한 답장이다. 프란체스카는 다른 수많은 교사들과 마찬가지로 내게 자문을 구하거나 자신의 교실을 방문하여 수업을 참관해달라고 초대했다.

물론 그전에도 친구에게 상담하듯 내게 편지를 보내오거나 교실로 초대해준 다른 교사들이 있었다. 그래서 그들이 제기한 문제 또한 이 책에 포함시키기 위해 가끔 시나리오를 확장해 이 교사들의 경험을 프란체스카의 이야기에 녹여 넣기도 했다. 프란체스카의 신변 보호를 위해 신상에 관한 세부 사항과 사건의 시간적 배경 등은 좀 다르게 바꿨다.

그러나 프란체스카는 실제로 존재하는 인물로, 대화를 나누고 편지를 주고받은 뒤 나는 그녀가 교육의 정치 역학을 예리하게 짚어내는 놀라운 젊은이이자, 때론 부당한 교육 관료의 지시에 저항하기도 하고 당돌한 질문도 서슴지 않는 집요한 질문자라는 것을 알게 되었다. 질문 가운데 어떤 것들은 나로 하여금 교직 생활을 되돌아보게 하고 거의 잊어버린 기억을 되찾아주었다. 그래서 가끔 나는 지난 40년 동안 내가 어린이 교육에 관해 쓴 다른 책들에 수록된 대화나 사건을 다시 기록하기도 했다. 이따금 그 기억들은 내가 교직에 있거나 교직을 떠난 뒤 학생들에게 유해하다고 생각되는 관행이나 공공 정책을 저지하기 위한 운동을 벌일 때 저지른 실수들을 고통스럽게 상기시키기도 했지만 나로 하여금 이 기억들을 함께 나누도록 자극해준 프란체스카에게 감사의 말을 전하고 싶다.

무엇보다 가장 고마운 점은 그녀가 자신이 맞닥뜨린 문제를 솔직하게 털어놓고 내가 그녀의 교실에서 수업을 참관할 수 있도록 기꺼이 자리를 마련해준 덕분에 그녀처럼 우리 아이들의 교육에 더없이 깊은 도덕적 이상과 열정을 바치기로 결심한 교사들이 날마다 마주치는 문제를 아주 가까이서 볼 수 있는 기회를 가질 수 있었다는 것이다.

2007년 4월, 매사추세츠 바이필드에서

1 학생들과 함께 하는 삶

친애하는 프란체스카 선생님께

일전에 보내주신 편지 받고 정말 반가웠습니다. 그런데 이 주
만에야 답장을 하게 되었군요. 답장이 너무 늦어진 점 사과합니
다. 다른 도시에 있는 학교들을 돌아보느라 경황이 없었거든요.
오늘 밤에야 선생님의 편지를 자세하게 읽을 틈이 났습니다.

선생님의 질문에 대한 저의 대답을 먼저 말씀드릴게요. 기꺼
이 선생님의 학급을 방문하겠습니다. 저를 초대해주셔서 감사하
고요. 아울러 제가 선생님의 편지를 주제넘게 생각할지 모른다는
걱정은 하실 필요가 없다는 말씀을 드리고 싶군요. 선생님께서도
짐작하셨겠지만 전 여러 선생님들에게서 소식을 듣는 것을 좋아
하고, 꽤 많은 선생님들과 가까이 지냅니다. 특히 초등학교의 어
린 학생들과 생활하시는 선생님들과 돈독한 친분을 유지하고 있
습니다. 제가 전에 가르치던 곳도 초등학교였으니까요. 교직은
아름다운 직업이고 어린 학생들을 가르치는 일은 세상에서 가장

보람된 일 가운데 하나가 아닐까 합니다. 가장 호기심이 많은 시기에 있는 어린이들의 마음에 기쁨과 아름다움, 신비감과 놀이의 즐거움을 경험하게 하는 일을 하고 계시니까요.

제가 학교를 방문할 때면 대학 시절에 언젠가 저를 본 적이 있는 선생님, 또는 저와 간단한 서신을 주고받았던 선생님, 또는 저를 만난 적은 없지만 저의 저서를 읽은 선생님 들이 마치 저를 아는 사람처럼 느끼고는 복도에 서 있는 저한테 다가와 "저희 학급에 와보세요!" 하고 말한답니다. 때로 그 선생님들은 저한테 선택할 틈도 주지 않고 대뜸 제 팔을 붙잡고 교실로 데리고 가지요. 그리고 나서 저를 교단에 세우고는 수업을 하거나 아이들에게 질문을 하라고 한답니다.

저는 선생님들이 이렇게 저를 초대해주실 때마다 고맙고 반갑지만, 처음엔 거의 언제나 한바탕 소란이 벌어집니다. 교단을 떠난 지 오래되어서인지 제가 질문을 하면 아이들은 모두 자리에서 뛰어오르며 소리를 지르곤 하거든요. 여섯 살짜리 아이들은 선생님도 편지에 쓰셨듯이 흥분하면 "의자가 있는지 없는지 모를 정도로 뛰어오르곤" 하죠. 아이들은 마치 묘기를 부리는 체조 선수들처럼 온갖 몸동작을 해 보입니다. 바로 제 앞에 앉아 있던 어린 소녀는 의자에 기어올라서는 펄쩍거리며 마치 저를 지목해주지 않으면 제 눈을 찌를 듯한 기세로 저의 눈앞에 대고 손을 흔들어댔죠. 자기가 거기에 있다는 것을 알아보지 못할까 봐 "우우! 우우! 우우!" 하고 소리를 지르면서 말이죠.

그래서 결국 제가 그 아이를 지목하면, 대개 그 아이는 제가 무엇을 물었는지 잊어버리고는 귀엽기 그지없는 어리둥절한 표정으로 저를 올려다보며 이렇게 물어요. "질문이 뭐였죠?" 그 아이는 할 말이 있어서 손을 들었던 게 아니었어요. 그저 자기가 거기에 있다는 걸 알아주기를 바랐던 거죠.

보통 그 학급의 선생님이 저를 구해주신답니다. 팔짱을 끼고는 아이들에게 어떤 표정을 지어 보이면 단숨에 교실이 진정되더군요.

이런 경험은 좀 창피한 것이기도 하지만, 교육에 관한 글을 쓰는 사람이 교실로 되돌아와 아이들 앞에 서서 선생님들이 날마다 어떤 일을 하고 계신지 다시 한 번 직접 느껴볼 수 있는 좋은 기회이기도 하죠. 저는 간혹 모든 교육 저술가와 모든 교육 전문가 지망자, 그리고 공교육의 실패에 대해 수많은 사람들이 비난하듯 거만스레 말하는 모든 정치인들이 일 년에 한 번씩 교실에 와서 단 한 시간만 TV 카메라 앞에 있을 게 아니라 하루 종일 학생들을 대하면서 선생님들이 하는 일이 어떤 것인지 알게 해야 한다는 생각을 하곤 합니다. 그러면 적어도 그토록 많은 정치인들이 교사에 대해 말할 때 불경스런 어조를 조금은 누그러뜨리게 되겠죠.

지난 40여 년 동안 교육에 관한 글을 써오는 내내, 저는 신문이나 학술지의 지면을 차지하는 강력하고 열띤 교육 논쟁(안타깝게도 선생님들의 의견은 거의 들을 수 없는)을 '명령', '인가', '동기 부여', '성과 기준' 등 동떨어진 추상적 개념과 위협의 왕국에서 크레용, 칠판 지우개, 연필깎이, 작은 다툼, 때론 눈물과 때론 걷잡을 수 없이 전염되는 환희 등 선생님과 학생의 일상을 이루는 좀 더 구체적인 세계로 이끌어내기 위해 늘 노력해왔습니다.

이른바 일류 학교들을 방문했을 때 저는 정말 유능한 교사와 그 학생들 사이에 신비한 힘과 빛나는 기운이 거의 형성되지 않는 것을 보고 자주 실망하곤 합니다. 이런 학교들은 교실에 대해서는 아는 게 거의 없고 '성적과 결과'만을 기계적이고 건조하게 사업 추진하듯 밀어붙이는 사람들에 의해 심각하게 많은 부분이 통제되어왔습니다. 기업의 필요와 요구에 밀접하게 연계된 성적 책임〔학생의 성적에 따라 학교 자금, 교사 급료가 좌우되는 방식〕 요건은 이런 학교들의 분위기와 교육 목표를 점점 더 크게 지배하고 있습니다.

그러나 교사, 특히 어린이를 가르치는 교사는 글로벌 기업의 하수인도 국가를 위한 훈련 교관도 아니며, 스스로를 그런 존재로 여기도록 강요되어서도 안 됩니다. 교사에게는 그보다 더 고귀한 운명이 있다고 저는 생각합니다. 좋은 선생님이란 실력 있는 전문가여야 함은 물론 순수의 대리인이자 세심한 기대를 실천하는 사람이어야 합니다. 요즘 교육 정책 분야의 권위자임을 자처하는 사람들은 교사들이 나라의 경제에 '부가가치'를 펌프질하는 일을 한다고 표현합니다만, 이런 교사들은 학생들을 기업적 사회를 위한 미래의 수많은 경제적 구성 단위이자 미국 경제를 위한 작은 자산 또는 결손으로 보는 것에 단호하게 반대합니다. 이 교사들은 자기가 맡은 모든 아이들에게는 저마다 고유의 가치가 있다고 믿습니다.

최근 몇 년 동안 학교 정책을 엄격하게 체계화해온 생산성과 숫자의 전문가들 대다수는 어린이, 특히 가난한 어린이가 태어날 때부터 지닌 정신의 가치를 인지하지 못하는 것 같습니다. 이 사람들 중 어린이의 생활을 자세히 아는 사람은 거의 없는 듯합니다. 적어도 제 경험에 비춰볼 때 이들 대다수는 사랑스럽거나 흥미로운 사람들이라기보다는 엄격한 사람들이어서 솔직히 말해 어린이들이 함께 있고 싶어 하지 않는 따분하고 무서운 선생님이 되었을 것입니다.

이들의 말하는 방식에는 흔히 거만한 어조가 배어 있습니다. 에릭 에릭슨〔Erik Erikson, 1902~1994. 미국의 정신분석학자이자 교육심리학자〕이 '파괴적 독선'이라 표현한 독단적인 자만 역시 낯설지 않습니다. 정책 위원회나 교육부에 오래 몸담을수록, 어린 학생들의 비틀어대는 몸짓이며 상처 입기 쉬운 기질, 부러진 연필심, 아이가 왜 우는지 보려고 선생님이 책상 곁으로 다가가 몸을 기울일 때 쳐드는 얼굴 등 어린이의 소소한 현실에 대한 기억은 점점 더 줄어들 것입니다.

　선생님과 저는 여러 차례 이 문제에 관해 이야기를 나누게 될 것입니다. 지금으로서는 그저 선생님이 보스턴의 이곳에서 교편을 잡고 계셔서 매우 반갑다는 말씀을 드리고 싶습니다. 오래전에 미리 계획을 세우지 않고도 선생님의 학급을 이따금 방문할 수 있을 테니까요. 예고 없이 들러도 좋다고 해주셔서 감사합니다. 방문하기가 훨씬 더 쉽겠어요. 선생님은 제가 처음 교직을 시작한 동네에서 가르치고 계시니 학교를 어떻게 찾아가야 하는지 물을 필요도 없겠네요.

　되도록 빠른 시일 안에 찾아뵙도록 하겠습니다. 그동안 힘겨운 일이 있더라도 용기 잃지 마시고 씩씩하게 잘 헤쳐나가시기 바랍니다. 교장선생님이 선생님께 친절히 대해주시고 선생님 또한 교장선생님이 마음에 드신다니 정말 다행입니다. 그것은 교직을 시작하는 분께 커다란 행운이지요. 앞으로도 더 많은 행운이 따르기를 바랍니다. 말씀하셨듯이 매일 아침 학교로 향할 때 마치 가슴속에서 나비들이 '공중제비'를 돌기라도 하듯 몹시 떨리더라도 아이들과 지내는 첫 한 달을 최대한 즐기도록 노력하십시오. 훗날 소중한 추억이 될 테니까요.

2 공감대 형성

— 교실에서의 첫 나날들

친애하는 프란체스카 선생님께

제가 공립학교에서 처음으로 교편을 잡았을 때 어떤 느낌이었
는지 물으셨죠.

솔직히 저는 교사가 될 준비가 전혀 되어 있지 않았기 때문에
선생님보다 훨씬 더 두려움이 많았던 것 같아요. 저는 하버드대
학에서 문학을 전공하고 영국 옥스퍼드대학에서 로즈 장학생으
로 잠깐 공부한 뒤, 파리에 살면서 현지의 노작가들과 함께 작문
을 공부했습니다.

1964년에 미국으로 돌아와 공립학교에서 아이들을 가르치기
로 결심했을 때 저는 가르치는 일에 대해 전혀 아는 게 없었고
교육에 관해 한 강좌도 들은 게 없었습니다. 그러나 이렇듯 교사
로서 모자란 저의 자격은 보스턴 공립학교 관계자들에게 별 문제
가 되지 않는 것 같았습니다. 이들은 너무 절박한 나머지 보스턴
에서 가장 가난한 동네들 중 한 곳에서 가르치겠다고 동의하는

사람이면 누구나 채용하려 들었기 때문에 제가 낸 지원서는 쉽게 받아들여졌습니다.

저는 채 3주도 기다리지 않고 보스턴의 흑인 거주 구역인 록스베리—이 구역은 선생님도 언급하셨듯이 지금껏 일종의 흑인 격리 지역으로 존재하지요—에서 4학년을 가르치도록 임명되었습니다.

제가 근무하게 된 학교는 마치 귀신이 나올 것처럼 몹시 낡은 건물 안에 있었는데, 건물의 수용 인원에 비해 학생 수가 턱없이 많아 학생들은 교실조차 가질 수 없었습니다. 우리는 칸막이도 없는 강당을 다른 4학년 학급의 35명 아이들과 나눠 써야 했습니다. 이외에도 합창반과 재봉반(전원이 흑인인 5학년 여학생들은 매일 한 시간씩 우리 할머니들이 사용하던 것처럼 낡은 재봉틀로 봉제를 배우곤 했지요), 한 번도 공연되지 못한 크리스마스 연극을 열성적으로 연습하는 연극반 아이들도 함께 사용했지요.

바람이 세차게 불어오던 어느 가을 날 오후, 결국 우리 임시 교실의 낡은 창틀이 부서지고 말았습니다. 다행히 제가 창문 가까이에 서 있어서 창틀을 잡았으니 망정이지 하마터면 창 아래에 앉은 아이들을 향해 산산이 부서질 뻔했답니다.

아이들 중 일부는 이런 열악한 환경을 별 불만 없이 받아들였어요. 자기들에게는 이런 상황에 의문을 제기할 권리가 없다고 생각하는 것처럼 보였습니다. 그러나 또 다른 아이들은 이런 수

모를 수동적으로 받아들이지 않고 여러 선생님들과 교장선생님에 대한 증오심으로 속을 끓였습니다. 이 아이들은 간혹 화를 터뜨리기도 했는데 그럴 때면 지하실로 끌려가, 더 아프게 하려고 식초에 담갔다 꺼낸 등나무 회초리로 나이든 선생님에게 손바닥을 맞아야 했습니다. 그 전 해에 매를 잘못 맞아 병원 신세를 졌던 학생이 우리 반에도 있었지요. 결국 그애의 오른쪽 집게손가락은 영영 비틀리고 말았답니다.

그 해 봄 그 학교의 교장은 저에게 다른 4학년 학급을 맡기셨어요. 교실이 있는 학급이었지만 제가 처음 맡았던 반보다 훨씬 더 열악한 상황이었습니다. 그 반 아이들은 거의 일 년 동안 연이어 대리 교사에게만 지도를 받아야 했죠. 내가 맡기 전 몇 달 동안 교사 열두 명이 교체되었습니다.

이 선생님들 가운데 가장 심한 일을 당했던 분은 눈빛이 격앙된 신참 교사로 정서가 약간 불안정한 사람이었는데, 친절하긴 했지만 아이들의 억눌린 화를 조절하지 못했습니다. 몹시 추운 어느 날 그는 칠판 지우개를 털려고 화재 비상 계단으로 나갔는데 그게 화근이었습니다. 그가 밖에 있을 때 한 아이가 문을 쾅 닫아버렸지 뭡니까. 그는 세차게 문을 두드리며 아이들에게 문을 열지 않으면 혼날 줄 알라고 소리쳤어요. 그러나 아이들은 그를 들어오게 하지 않았죠. 결국 다른 반 선생님이 시끄러운 소리를 듣고 무슨 일인지 보려고 교실에 들어왔습니다. 그를 구하기 위해 문을 열어줄 때까지 그는 마치 '룸펠슈틸트스킨(독일 민화에 나오는 난쟁이. 왕의 명령을 받아 짚으로 황금을 자아야 했던 아가씨를 도와주고, 왕과 결혼하게 된 그녀의 첫 아기를 주거나 자기 이름을 알아맞히라고 요구했다. 아가씨가 이름을 맞히자 화를 내며 자취를 감춘다)처럼' 얼굴을 붉힌 채 발을 구르고 있었답니다.

그날로 그분은 학교를 떠났고, 그 후 열흘 동안 임시 교사 일곱 명이 왔다 갔지요. 그 시점에 교장선생님이 저에게 남은 일 년 동안 그 학급을 맡아보라고 말씀하셨던 것입니다.

상상하실 수 있겠지만 저는 몹시 불안한 마음으로 그 아이들과의 첫날을 시작했습니다. 저는 그 아이들이 얼마나 화가 났고 얼마나 불신에 가득 차 있는지 알았어요―그때껏 그들이 받은 피해를 감안하면 당연한 일이었죠. 그리고 저는 아이들에게 새로운 시작이 이루어졌다는 확신을 주기 위해서는 자꾸 엄습해오는 자기 의혹을 억누르고 무슨 수라도 써야 한다는 것을 알았습니다.

처음엔 쉽지 않았어요. 처음 며칠 동안은 아이들이 내 목소리를 들을 수 있도록 하려고 말 그대로 고래고래 소리를 질러야 했죠. 이런 저의 모습에 아이들은 충격을 받은 것 같았습니다. 그해 초에 저는 그 반의 일부를 지도한 적이 있었는데 전에는 제가 그렇게 목소리를 높인 적이 없었거든요.

일단 반 분위기가 좀 차분해지자 저는 제 책상에 앉아서 아이들에게 너희가 다시 버림받는 일은 없을 거라고 약속했습니다.

학년이 끝날 때까지 함께 하겠다고 아이들에게 말했지요. 어떻게 아이들이 제 말을 믿을 수 있었는지 모르겠어요. 그 아이들로서는 그런 약속을 순순히 받아들이기 힘들었을 텐데 말이죠. 그 순간부터 저는 제가 할 수 있는 온갖 연극적 소질을 발휘하여 그 반에 활력과 기쁨을 불어넣으려 노력했습니다: 열악한 상황— 어느 지역의 어느 학교 학생들이건, 부자건 가난하건 견디기 어려웠을—에 적응하느라 부루퉁해진 아이들의 얼굴에 웃음이 피어날 수 있도록 최선을 다했습니다.

프란체스카 선생님, 그러나 제가 바로 성공을 거뒀으리라고는 상상하지 마시기 바랍니다. 절망적인 상황으로 용감히 걸어 들어가 곧바로 기적을 이뤄낸 '슈퍼티처(super-teachers)'의 이야기는 너무 많습니다. 그런 이야기들은 좋은 영화의 소재가 될지는 모르겠지만 실제 삶에서는 흔히 일어나지 않는 법이죠. 어쨌든 그 해 봄 제 경우에는 어떤 기적도 일어나지 않았습니다. 몇몇 아이들은 아주 오랫동안 저에게 반항했고, 두세 녀석은 일 년을 이삼 주 남겨놓을 때까지 마음을 열지 않았지요. 그러나 대부분의 아이들은 저를 신뢰한다는 걸 알게 되었습니다—그때 아이들과 저 사이에 일어났던 감정적 화학 반응을 생각하면 지금도 신기하답니다. 어쨌거나 그렇게 된 한 가지 이유는 아이들은 내가 그 혼돈과 무질서를 그들의 탓으로 돌리지 않는다는 사실을 알았기 때문인 것 같습니다. 저는 아이들에게 너희들은 용서하기 어려운 방식으로 다루어져왔다고 솔직히 말했거든요.

그리고 불가능한 난관처럼 보이는 상황에서 유머나 우스운 면을 찾아내어 너무 침울하거나 너무 낙담시키지 않는 방식으로 제가 생각하는 바를 정확히 아이들에게 말하려고 늘 노력했기 때문에 대부분의 아이들이 저를 좋아하게 되었던 것 같아요. 그것은 거의 모든 초임 교사들의 경우와 마찬가지로 교사들이 간절히 원하는 일종의 예기치 않은 은총 같은 것입니다.

당시 보스턴의 학교에는, 현재 대부분 도심부 학교의 교사들에게 주어지는 표준 교과 내용, 수업 지도안, 일일 지시 사항 등이 열거된 것과 다르지 않은 지정 커리큘럼이 있었습니다. 이 모든 자료에서 일관적으로 강조하는 것은 규칙과 명령에 대한 복종이었지요. 게시판에 붙이거나 학생들에게 큰 소리로 읽어주거나 학생들로 하여금 암기하게 할 유명한 인용문 목록이 교사들에게 제공되었습니다. "다른 사람들을 통솔할 사람은 먼저 복종하는 법을 배워야 한다……. 신이 인간에게 내린 첫 번째 율법은 복종의 율법이다……. 진정한 복종은 진정한 자유다……. 복종은 날마다 우리가 지켜야 할 의무다……. 우리의 의무 가운데 가장 중요한 것은 복종이다."

제가 사용하기로 되어 있는 파닉스〔발음 중심의 어학 교수법〕 교과서에는 흑인 캐릭터가 전혀 나오지 않았습니다. 이 책에 수록된 몇몇 삽화에 그려진 인물의 얼굴색은 좀 누르께한 것이 인종적

양식에 소극적이나마 긍정하고 있음을 보여주지만 책 속의 이야기들은 온통 백인 중산층의 삶과 연관되어 있었습니다. 4학년 주임 교사라 불리는 분한테서 건네받은 구식 사회 교과서는 노골적인 인종 차별적 출판물로, 아프리카 사람들을 "야만적이고 미개하며…… 이들의 피부는 몹시 짙은 갈색이어서 거의 검은색으로 보인다. 코는 크고 납작하다. 입술은 두껍다. 눈은 검고 빛난다……. 머리카락은 굉장히 곱슬곱슬하여 마치 양털 같다. 이들은 니그로고 흑인종에 속한다"고 묘사했습니다. 이와 대조적으로, 스위스 아이들에 대해서는 이렇게 씌어 있었지요. "이 아이들은 보기 좋은 용모를 지녔다. 눈은 파란색이고, 머리카락은 황금빛이 감도는 노란색이다. 흰 피부는 맑고 깨끗하며, 볼은 잘 익은 빨간 사과처럼 붉다."

제가 맨 처음 한 일은 벽과 칠판에서 이런 자료들―'복종'시키기 위한 인용문 등―을 모조리 떼어내고, 사회 교과서들을 상자에 넣고 봉해서 벽장으로 치워버리는 것이었습니다. 그런 다음, 호안 미로와 파울 클레의 그림 사본을 붙이고, 프랑스 동요가 수록된 음반과 슈만, 라벨, 브람스 등 차분한 음악을 가져오는 등 제가 좋아하는 것들과 추억이 담긴 물건들을 이용했습니다.

아울러 대학 시절과 유럽에 체류하던 몇 년 동안 경험했던 것들을 활용했습니다. 로버트 프로스트의 친근한 시, 윌리엄 버틀러 예이츠의 서정적인 초기 시, 파리의 아름다운 거리와 스카이라인이 그려진 포스터, 파리 지도 등을 소개하면서 내가 살던 거리를 보여주고 그때 경험했던 일들을 이야기해주면 아이들은 몹시 흥미로워했지요.

결국 저는 주어진 그 끔찍한 사회과 수업 지도안을 모두 버리고 파리에서의 경험을 활용한 수업을 하기로 했습니다. 거리를 측정하는 법과 카페에서 음식을 산 뒤 비용을 계산하는 법 등 저는 그 도시 안에서 이루어지는 일상생활을 활용하여 어린이를 위한 진기한 지리적 모험을 만들어낼 수 있을 만큼 파리에 대해 잘 알았으니까요.

앞서도 말씀드렸듯이 이 모든 것들이 마술처럼 성공적으로 이루어졌다고 주장할 수는 없습니다. 저의 이 아마추어적인 노력들이 지금 교직을 시작하는 신세대 선생님들을 위한 '혁신적 모델'로 간주되어야 한다고 주장할 생각도 없고요. 저는 그저 제가 잘 알고 좋아하여 저 자신이 정말 신나게 아이들에게 이야기해줄 수 있다고 느끼는 것들을 가르치면서 교직 생활을 시작하고 싶었던 겁니다. 저 자신의 열정이 아이들에게 전해질 거라고 생각했고 실제로 그렇게 되었지요.

솔직히 말해 후안 미로의 그림은 아이들에게 인기가 없었어요. 하지만 파울 클레의 그림들 가운데 하나인 〈새의 정원(Bird Garden)〉이라는 그림은 바로 아이들의 관심을 끌었습니다. 쉬는 시간이 되어 그 앞을 지나가거나 귀가하기 전 줄 지어 있을 때면 늘 그 앞에 아이들이 몰리곤 했지요. 그 학교 미술 교사는 그 지역 아이들에게 파울 클레 같은 화가는 너무 어려울 거라고 말하더군요. 저는 그 선생님과 논쟁을 벌이지는 않았지만, 우리 반아이들이 그분의 예상이 틀렸다는 것을 보여주었다고 생각해요.

처음에 학급에 들어가 보니 35명으로 이루어진 그 4학년 학생들의 학업 성취도 수준은 바닥이었는데(4학년 수준의 읽기와 쓰기를 할 줄 아는 학생은 겨우 7명뿐이었고 학급 학생의 3분의 1은 여전히 2학년 수준에 머물러 있었죠. 저는 이런 상황을 긴급 비상 사태로 보고 대책을 찾아야 했습니다), 그때 제가 이 학생들을 가르치는 일에 희망을 가지려고 시도했던 다양한 변화에 대해 여기에 시시콜콜 나열하지는 않겠습니다. 지난 몇 달 또는 몇 년 동안 불안정한 환경에 있던 탓에 기운이 꺾여 활기라곤 찾아볼 수도 없을 정도로 수동적이 되어버린 학급을 맡게 된 선생님들이 궁금하게 여기는 질문—"이런 무기력한 상황을 어떻게 돌파하나요? 무엇을 해야 하나요?"—에 대해 답해보고자 합니다.

다행히 대부분 선생님이 처한 상황은 저의 경우처럼 심하지는 않습니다. 그러나 그보다 조금 덜한 상황을 호소해오는 분들은 많지요. 그분들은—고작 몇 주간의 준비 과정을 마친 뒤에 도심 학교로 보내지는 '속성' 프로그램에 의해 교직에 입문한 분들뿐 아니라 교육 대학을 나오신 분들도—제가 맡은 학생들이 제가 오기 전에 경험했던 것과 비슷한 일종의 교육적 타격을 받은 학급을 만났을 때 처음의 냉랭한 분위기를 녹이는 방법에 관해서는 조언을 들어본 일이 거의 없다고 토로합니다.

"무섭게 시작하고, 정해진 교육 과정에 충실히 따르라."

초임 교사들은 흔히 이런 충고를 듣게 됩니다. 제 생각에 이것은 최악의 충고입니다. 어린이와 교사 사이에 신뢰의 공감대를 형성하는 일은 교사에게 제공된 읽기 프로그램이나 사회 교과서 (이전에도 성공적으로 사용되지 않았고 아이들을 무감각하게 만든)의 진도를 나가는 것보다 훨씬 더 중요합니다. 우선 아이들의 마음을 사로잡으십시오. 아이들에게 희망찬 기대와 유쾌한 기분을 느끼게 해주십시오. 〈새의 정원〉의 아름다움으로 아이들을 유인하십시오.

비록 교사들이 흔히 도심부 학교의 학생들을 가르치기 위한 필수적 도구로 여겨지는 지정 수업 지도안을 어쩔 수 없이 사용해야 하는 실정이라 하더라도, 저는 선생님들에게 선택의 여지가 있는 한 이런 자료들로 수업을 시작하기에 앞서 먼저 아이들과 우호적인 신뢰감을 형성할 것을 강력하게 권고합니다. 그러기 위해서는 좀 교묘한 방법을 동원해서라도 이런 자료들에 대한 선생님 자신의 견해를 솔직하게 아이들에게 털어놓아야 합니다. 또한 선생님과 학급이 불필요한 감시를 받지 않기 위해서는 선생님이 아이들에게 지켜주었으면 하고 바라는 학교의 규칙과 규율에 대한 논의가 이루어져야 합니다.

제가 저희 반 아이들에게 가장 먼저 이야기했던 것은 "너희들이 좋아할 만한 것을 선생님이 자유롭게 계속 가르칠 수 있기를 바란다면 교장선생님이 특별하게 중요하게 여기는 부분에서 나무랄 데 없이 잘 해야 한다"는 내용이었습니다. 프란체스카 선생님께서도 짐작하시겠지만 이것은 저의 수업, 다시 말해 일단 교실 문을 닫은 뒤에 교실 안에서 일어나는 일과는 무관했어요. 우리가 교실을 나가 화장실이나 휴게실로 줄지어 갈 때 완전한 질서를 지켜야 한다는 것을 의미했지요.

더 설명하지 않아도 아이들은 제 말의 의미를 알아들었습니다. 아이들은 이미 학교 안에서 가장 중요시되는 게 무엇인지 알고 있었으므로 우리 사이에 일종의 공모나 마찬가지였던 것을 아주 잘 지켜주었습니다. 아래층으로 내려가거나 다른 교실로 줄지어 이동해야 할 때 아이들은 마치 군인들처럼 우측으로 줄지어 조용히 걸으며 계단을 내려가다가 제가 지시하는 곳에 멈춰 서곤 했는데, 소곤거리는 말소리조차 없을 정도로 조용했답니다.

얼마 지나지 않아 교장선생님이 우리를 찾아왔지요.

"코졸 선생님."

교장선생님이 복도에서 큰 소리로 말씀하셨어요.

"선생님 반을 칭찬해줘야겠어요. 학교 전체가 이 반 아이들이 줄지어 계단을 내려가는 태도에 대해 이야기한답니다."

그분은 이런 태도가 아이들이 얼마나 '어른스럽고 예의바른지'를 보여주는 증거라고 하면서 "아이들이 자랑스러우시겠어요"라고 말씀하셨지요.

교장선생님이 자리를 뜨자마자 아이들 중 하나가 저한테 손가락으로 V 자를 그려 보이더군요. 그러고 나서 6주 동안 교장선생님을 비롯해 학교 관리진 가운데 어느 누구도 우리 학급을 찾아오지 않았답니다.

이 일로 제가 깨닫게 된 것은 어떤 교사가 학교에서 정한 교육적 관례에 이의를 제기하려면 우선 학교 관리진이 특히 중요하게 여기는 다른 관행에 잘 따라야 한다는 것입니다. 오랜 기간 무질서했던 학급이 갑자기 조용해지고 품행도 단정해지고 적어도 표면적으로나마 교칙을 잘 따른다면 그 학급의 담임교사는 귀중한 존재, 특히 여러 교사들이 포기하고 떠난 뒤라면 없어서는 안 되는 존재가 되는 거죠.

모든 교장선생님의 진의나 동기를 폄하하는 듯한 말로 이 편지를 맺고 싶지는 않군요. 선생님의 경우처럼, 정해진 커리큘럼에 대한 평교사들의 여러 견해에 귀를 기울이고 교사 개개인의 특성을 알아볼 줄 아는 통찰력 있는 교장선생님들도 많으니까요.

지난주 제가 처음으로 선생님의 학급을 방문했을 때 선생님은 학생들에 둘러싸인 채 낡은 검은색 의자에 앉아 계시더군요. 독서용 깔개 위에 모여 앉은 아이들 중 몇몇은 무릎을 세운 채 앉았고 또 몇몇은 팔꿈치로 바닥을 괴고 엎드린 채 선생님의 목소리에 귀를 기울였죠. 선생님은 그때 대부분의 아이들은 열두 단어 이상은 쓰거나 읽을 수 없는 수준이었다고 말씀하셨지만, 어려서부터 좋아하셨다던 그림책의 책장을 천천히 넘기시면서 문장 하나하나를 참을 수 없을 만큼 즐거운 것으로 들리게 하는 선생님 특유의 목소리로 아이들에게 책을 읽어주셨습니다. 선생님이 "아기 곰"이라 부른다는, 그리고 "거의 아무것도 모르는" 상태로 선생님 반에 들어왔다던 작은 소년 아르투로조차 팔꿈치를 바닥에 대고 엎드린 채 마치 꿈을 꾸듯 사랑스런 눈길로 선생님을 올려다보았지요.

그 아이를 문자와 소리와 숫자의 드넓은 세계로 인도하려고 지금도 선생님이 얼마나 열심히 노력하고 계신지 저는 잘 압니다. 그러나 그날 아침, 학기가 시작된 지 불과 4주밖에 되지 않았을 때였는데도 선생님은 벌써 그 아이에게 앞으로 일 년 동안 다정함과 아름다움의 베일에 에워싸인 채 지내게 될 거라는 아주 행복한 생각이 들게 했어요. 그 아이는 선생님과 함께 있을 때 안전하다고 느끼는 듯했고 선생님을 향한 첫사랑이 막 시작된 듯 보였습니다.

저는 선생님이, 집중하기 힘들어하며 꿈틀대거나 소곤대는 아이에게 몇 번 짧은 눈짓을 보내는 것을 보았습니다. 그러나 선생님은 목소리를 냉랭하게 바꾸지 않은 채 그 아이의 눈을 아주 솔직하게 마주보았어요. "괜찮아, 우리는 서로를 이해하고 있어. 자, 이제 이야기에 집중해야지!"

아이들이 선생님을 알게 된 지 한 달밖에 되지 않았는데도 아이들과 선생님 사이에는 벌써 공감대가 형성되었더군요. 교육 과정과 규칙, 규준 목록과 외부에서 정한 교육 방법 등이 아무리 훌륭하고 현명해 보인다 해도 교사와 학생 사이의 공감대를 대신할 수 없습니다. 신뢰와 애정의 유대감이 가장 중요합니다. 이 유대감이 없다면 모든 것은 그저 의무를 수행하는 것일 뿐, 활기가 생기지 않습니다. 아이를 좋아하는 사람들이 교사가 되는 건 그저 의무를 다하는 무미건조한 일을 하기 위해서가 아니겠지요.

3 학부모를 알기 위해서는

친애하는 프란체스카 선생님께

할로윈 명절 때 선생님의 학급에 초대해주셔서 고마웠어요. 즐거운 시간이었고 선생님 반 아이들의 부모님을 많이 만나게 되어 기뻤습니다.

그리고 선생님의 질문에 대해서는 이렇게 대답할 수 있겠네요.

"아닙니다! 젊은 교사들이 교직을 시작하기 전, 학부모와 좋은 관계를 형성하기 위한 방법을 생각해볼 기회가 거의 없다는 말씀은 전혀 부당하다고 생각지 않습니다."

이것은 교사가 맞닥뜨리는 가장 중요하고도 어려운 문제 가운데 하나고, 인종 문제가 걸려 있는 학교, 이를테면 교직원은 대부분이 백인인데 아이들은 거의 모두가 흑인이거나 히스패닉(라틴아메리카계)인 학교에서는 특히 더욱 그렇겠지요. 언뜻 아이들 교육에 별로 관심이 없거나 지속적인 노력을 기울이지 않는 듯 보이는 학부모에게 세심하게 다가가는 것이 중요하다는 말씀에 저도 동의합니다.

교사가 최선을 다해 노력하는데도 저마다의 이유로 제대로 응해주지 않는 학부모들이 늘 있게 마련입니다. 그런데 젊은 교사들은 왜 일부 학부모가 가정 통신문에도 답하지 않고 학부모 회의에도 참석하려 하지 않는지 그 이유를 알아보려고 노력하기보다는 무의식적으로 그들을 쉽게 포기하곤 합니다. 신참 교사들에게서 제가 가장 흔히 듣는 말 가운데 하나는 가장 문제가 많은 아이의 부모는 학급 학부모 회의나 학교 학부모 회의는 물론이고 아이 문제로 상담하기 위해 와달라고 약속을 잡아도 학교에 오지 않는다는 것입니다. "그 학부모는 절대 나타나지 않아요." 아니면 "늦게 오시죠." 아니면 "늘 불편하고 초조한 듯 보여요." 이런 분들은 PTA[사친회: Parent Teacher Association]를 후원하거나 수학여행이나 '호박 축제'를 비롯한 학교 행사를 돕는 자원봉사에 나오지 않는다고 이따금 교장선생님들도 불평을 합니다.

가장 믿음직스럽고 협조적인 학부모들은 미디어에서 '영리한 부모(savvy parents)'라 부르는 사람들로 이들은 실제로 많은 도움을 주므로 쉽게 교사의 신임을 얻습니다. 이들은 붙임성이 있는 데다 교사의 가치관과 같은 생각을 갖고 있는 경우가 많아 교사는 이들과 자연스레 친밀감을 느끼고 쉽게 대화를 나누게 되지요. 반면 협조적이지 않은 학부모의 경우, 교사는 인내심 부족으로, 또는 어떤 노력도 소용없다는 생각을 하며 이들에게서 도움 받기를 포기하고 이들의 관심을 끌기 위한 진지한 노력을 단념하여 결국 이들을 진정으로 알지 못하고 맙니다.

저는 늘 이런 상황에 처한 교사들에게 이런 학부모들이 왜 학교 행사에 참여하는 일에 거부감을 갖는지, 교사가 그토록 노력하는데도 왜 이들이 불편해하고 심지어 적대감마저 갖는지, 그리고 왜 교사와 터놓고 이야기하는 것을 꺼리는지 곰곰이 생각해보라고 말해주고 싶었습니다. 저는 록스베리에서 교사로 일할 때 이런 학부모의 대다수는 15~20년 전에 일부 같은 학교에서 최악의 교육을 받아, 학교를 고통과 실패, 그리고 오랜 기간 모멸을 안겨준 장소로 기억한다는 사실을 알게 되었습니다. 그래서 이들은 28~35세의 나이에도 여전히 학교에 오는 것을 불편해하고 자신들이 선생님들과 읽기와 쓰기 기능(이들 대다수가 습득하지 못한)에 관해 조리 있는 말을 할 수 있을지 불안했던 것입니다.

이들은 이중 부정을 사용하거나 도심부의 빈민 거주지에서 흔한 잘못된 발음, 예컨대 '질문하다'라는 뜻의 과거형 '애스크트 (asked)'를 '액스트(axed)'로 발음하는 등 표준 영어를 능숙하게 구사하지 못했습니다. 이들은 교장선생님과 선생님들, 또는 중산층의 학교 이사진이 이런 언어 습관을 '빈민 언어(ghetto talk)'로 간주하며 자신들을 은근히 업신여길까 봐 두려웠던 것입니다. 이들은 창피당하고 싶지 않았기 때문에 학급 학부모 회의에서 되도

33

록 말을 적게 했고 질문을 받을 때마다 퉁명스럽게 느껴질 정도로 짧게 대답했기 때문에 자식에 대한 열의가 부족한 것으로 오해받곤 했지요.

이런 학부모들이 교장을 신뢰하지 않는 데에는 그럴 만한 이유가 있었습니다. 일부 교장들은 학교의 심각한 문제에 관해 학부모에게 솔직히 털어놓지 않는 데다 학부모에게 이야기할 때 교육학적인 전문 용어를 사용하는 탓에 필요한 정보가 학부모에게 효과적으로 전달되지 못함은 물론 진정한 의사소통이 이루어지지 않기 때문입니다. 그런데 안타깝게도 아직도 이런 습성을 버리지 못한 교장들이 더러 있습니다. 예컨대 불과 몇 년 전 제가 사우스브롱크스(South Bronx)의 P.S. 65[공립학교의 명칭]를 방문했을 때 그 학교의 교장은 교사가 자주 바뀌어 학생들의 학업에 엄청난 피해가 초래되는 상황에서도 이 사실을 학부모에게 알리려 하지 않더군요. 오래 알고 지내던 아이들이 그 학교에 다녀서 저는 10여 년 동안 가끔씩 그 학교를 방문하곤 했거든요.

제가 잘 아는 아이들 가운데 파인애플이라는 별명을 가진 귀여운 소녀는 2년 동안 담임선생님이 무려 일곱 번이나 바뀌었지요. 록스베리에서 제가 맡았던 아이들이 겪은 것보다는 덜한 편이었지만 이런 상황으로 인해 파인애플은 산수와 읽기 등 기초 학습 능력에 막대한 피해를 입은 탓에 그 후 여러 해 동안 자신의 능력에 대해 자신감을 잃은 채 지내야 했습니다. 아주 영리하고 열성적인 학생인데도 말이죠.

　3년 후 그 아이의 여동생 앤절리나(네 살 때부터 알고 지내던 아이였죠)의 5학년 담임선생님은 어느 날 예고도 없이 그만두었는데, 공교롭게도 그날 저는 방문차 그 학교에 가 있었습니다. 교장선생님은 그 학급을 담당할 다른 교사를 구하지 못했고, 아이들은 몇 주 동안 몇 명씩 낮은 학년의 학급에 배정되어 '시간 때우기'를 하며 지내게 될 터였습니다. 그런데 마침 그날은 학부모들이 교장한테 통지표를 받으러 학교에 오는 날이었습니다. 그러나 교장은 아이들의 담임이 학교를 그만둔 사실을 학부모에게 알리지 않았습니다. 게다가 저 또한 그 사실을 알지 못하게 하려고 제가 앤절리나의 학급을 참관하게 해달라고 요구했을 때조차 참관을 허락하지 않았고, 그 반에 가봐야 아이들도 선생님도 없을 거라는 설명도 해주지 않았습니다. 앤절리나의 부모가 저와 절친한 친구라는 사실을 알던 교장은 제가 그 사실을 앤절리나의 부모에게 전달할까 봐 불안했던 것이지요. 물론 저는 그랬을 것입니다. 제 친구들이 앤절리나를 위해 필요한 조치를 취할 수 있도록 말이지요.

　훌륭한 교장은 학부모에게 솔직합니다. 그러나 교장 가운데에는 거리감과 거부의 벽을 쌓고 그 지역민들에게 냉소와 불신을 불러일으키는 분들도 있습니다. 학교 관리자들은 말썽 많은 아이들의 부모는 학교 회의에 나타나는 법이 없다고 한탄하지만, 그들 중 대다수는 학교에 온 학부모에게조차 아이들의 권익 보호를 위해 꼭 필요한 정보를 알리려 하지 않습니다.

제가 록스베리의 학교에 근무할 때 그 학교의 교장은 학부모 회의를 열어봐야 참석하는 학부모는 기껏해야 삼사십 명뿐이라고 늘 불평을 했습니다. 그리고 흑인 학부모들은 몇십 년 전 그 학교의 백인 학부모들과는 달리 "문화적 소양도 부족하고 아이들 교육에도 열의가 없다"는 야박한 말을 서슴지 않았습니다. 그러나 학부모 회의는 교장이 주관하는, 경직되고 형식적인 행사여서 그다지 우호적이지도 유익하지도 않았습니다. 학부모를 환대한다는 표시로 다과를 차려놓곤 했지만, 교장은 허심탄회하게 모든 문제를 털어놓는 것을 어려워했습니다. 그래서 학부모들은 자신들이 진정으로 환영받는다고 느끼지 못하는 듯했습니다. 교장이 따뜻하고 유머러스한 분이었다면 이런 면은 잘 감춰졌을 것입니다. 이 회의에 참석한 학부모들은 예의상 과자를 조금씩 베어 먹고 교장선생님이 억지로 짓는 웃음에 답례로 웃음을 지어 보이는 등 예의에 어긋나는 행동을 하지 않으려고 최선을 다했습니다.

처음에는, 그러니까 제가 신참 교사였을 때는 모든 책임이 학부모에게 있다는 이런 교장의 견해를 곧이곧대로 받아들였습니다. 지금 되돌아보면 어떻게 그럴 수 있었는지 상상이 되지 않지만 그때는 그랬어요. 그런데 어느 날 저는 교직원 가운데 몇 안

되는 흑인 여성에게서 이런 이야기를 들었습니다. 학부모들은 교장선생님을 무서워하고 학교란 고분고분하게 말을 잘 들어야만 들어갈 수 있는 성채 같은 곳이라 생각하기 때문에 말없이 순종하는 사람처럼 앉아 있다가 돌아갈 때는 다시는 학교에 오지 말아야겠다고 느낀다는 것입니다.

앞서도 말씀드렸듯이 제가 맡은 학생들은 열두 번이나 담임교사가 바뀌는 경험을 했기 때문에 그 아이들의 부모 중 대다수는 학교에 나와 담임과 이야기를 나눠봐야 또 바뀔 텐데 무슨 소용이냐 생각했을 것입니다. 그들이 제가 그 학교에 얼마나 오래 있을지 어떻게 예상할 수 있었겠어요? 결국 저는 방과 후에 가정 방문을 시작했습니다. 늦은 오후나 이른 저녁에 차를 몰고 학생들 집을 찾아가서 문을 두드렸지요.

학부모 중 몇몇은 문간에 제가 서 있는 걸 보고 몹시 놀라며 아이가 무슨 잘못을 저지른 줄 알고 걱정했습니다. (일반적으로 가정 방문은 학생이 무단결석을 하거나 행실이 나쁠 때 출석 상태 조사관이나 사회 복지사에 의해 행해지는 것이니까요.) 제가 그냥 그 동네에 왔다가 생각이 나서 들른 것이라고 설명하면 십중팔구는 안으로 들어와 이야기를 나누다 가라고 한답니다. 저녁식사 시간 무렵이라면 학부모는 저에게 저녁을 먹었냐고 묻고, 제가 아직 못 먹었다고 하면 저녁을 함께 먹자고 청합니다. 게다가 저는 이따금 제 여자친구도 함께 데리고 갔는데, 그럴 때면 분위기가 한결 더 편안하고 자연스러워졌습니다.

학부모들은 자신들의 호의를 보여줄 기회를 갖게 되어 반가워하는 것 같았습니다. 그리고 그들은 학교가 아닌 자신의 영역에서 아이들의 담임교사를 만나게 되어 (학교에서 만났다면 느꼈을) 수줍음이나 불안함에서 자유로운 듯 보였습니다. 가정 방문을 통해 저는 학생들에 관해 많은 것을 알게 되었을 뿐 아니라 대학 시절 권위 있어 보이는 사회학 책을 읽고 흡수한 흑인 학부모에 관한 잘못된 선입견을 깨부술 수 있었습니다.

예를 들어, 그런 책들에서 사회학자들이 언급하거나 암시하듯이 "모든 흑인 가정에 책이 전혀 없는" 것은 아니라는 사실을 곧 알게 되었습니다. 그리고 조금이라도 글을 읽을 줄 아는 학부모는 적어도 아프리카계 미국인 사회에서 역사적으로 중요하거나 특별한 의미를 지니는 글귀를 잘 알았습니다. 저에게 맛있는 음식을 준비할 때까지 탁자 앞에 앉아 있으라고 청한 학부모 가운데 한 분한테서 처음으로 랭스턴 휴즈[Langston Hughes, 1902~1967. 인종 차별에 저항하는 시를 많이 쓴 미국의 대표적인 흑인 시인]라는 이름을 소개받았습니다. 저는 하버드에서 문학을 전공했음에도 그때껏 할렘 르네상스의 다른 모든 작가와 마찬가지로 그에 관해서는 들은 적이 없었거든요.

나중에 그간의 가정 방문에 대해 교장선생님께 말씀드렸습니다. 그즈음 보스턴의 학교들 사이에 나돌던 구호 중 하나가 '학교와 지역 주민이 더욱 가까워지도록 하자'였으므로 당연히 교장선생님도 기뻐할 거라 생각했어요. 그러나 교장선생님은 불만스런 표정으로 큰 실수를 했다고 하시는 게 아니겠어요. 학생의 집에 방문하는 것은 전문 직업인다운 행동이 아니라는 것이었지요. 교장선생님이 "학부모가 그런 식으로 선생님을 만난다면 학부모는 선생님을 존경하지 않을 것입니다"라고 하셔서 저는 "그런 식"이 무슨 뜻이냐고 물었죠. 그러자 교장선생님은 "보호받지 못하는 상태에서 허물없이 만나는 것"이라고 대답하더군요.

"학부모가 선생님을 뵈러 올라와야 합니다."(우리 학교는 언덕 위에 있었지요.)—"선생님이 학부모를 찾아 내려가서는 안 됩니다." 학부모들이 자신의 집에서 또는 가게나 거리에서 교사를 개인적으로 만난다면 교사는 전문 직업인으로서의 위신을 잃게 된다는 것이었습니다. 특히 여자친구까지 데리고 간 것은 더더욱 현명하지 못한 일이라고 하며 "이런 생각을 할 사람도 있어요……"라고 주의를 주더군요.

그때껏 '전문 직업인다운 행동'이라는 말이 자연스러운 행동에 반대되는 뜻으로 쓰이는 것을 들어본 적이 없었습니다. 그래서 그때 몹시 당혹스러웠고, 아직도 이해가 되지 않습니다. 저는 학생의 가족과 친구처럼 지낸다고 해서 제 위신이 떨어질 거라는 생각은 전혀 하지 않았습니다. 그와는 반대로 가정 방문은 우리 반 아이들 중 몇몇과 획기적으로 관계를 개선하는 데 도움이 되었습니다. 오랫동안 기다려온 돌파구를 마련할 수 있었던 거죠. 그리고 전에는 학교에 모습을 보이지 않던 학부모들이 자주는 아니더라도, 적어도 행사가 있을 때는 학교를 찾아오곤 했습니다.

흔히 신참 교사들은 학교가 있는 구역에서 경계를 늦추지 말라는 주의를 받았다고 제게 말합니다. 물리적으로 위험한 상황은 아주 흔히 일어납니다. 하지만 학생들의 집을 방문하거나 학생들이 노는 거리를 걷는 일에 따르는 물리적인 위험은 인종과 사회적 지위로 나뉜 두 세계를 건너가는 일에 따르는 감정적인 불편함보다는 크지 않습니다. 저 역시 우리가 할 수 있는 한 최대한 편안하게 그리고 자주 이 두 세계를 건너는 것은 교육대학 학생에게 '다문화 사회에서의 관계 형성'에 관해 자주 제공되는 어떤 수업보다 우리에게 더 많은 것을 가르쳐줄 뿐 아니라 그 수업만큼이나 유용하다고 생각합니다.

자신감 있고 교양 있는 학부모들하고만 친하게 지내려 한다면 우리는 우리의 성채를 떠날 필요가 없습니다. 그러나 중산층의 경계를 넘어, 처음에 우리를 신뢰하지 않았던 힘없는 학부모에게 손을 내밀어 평등하고 진심어린 관계를 맺으려 한다면 '전문 직업인다운 행동'의 의미를 당시 제가 근무하던 학교의 교장이 해석했던 것처럼, 그리고 아직도 수많은 초임 교사들에게 전해지는 것처럼 받아들여서는 안 됩니다.

교사로서의 우리의 목표가 우리가 할 수 있는 최선의 방법으로 학생들에게 봉사하는 것이라면, 그리고 학생들의 부모에 관해 알고 그들이 집에서 어떻게 생활하는지 아는 일이 이런 노력에 도움이 된다면, 학부모가 우리 역시 현실의 삶을 살고 평범한 음식을 먹고 심지어 남자친구나 여자친구와 함께 여가를 보낸다는 것을 알았을 때 우리를 존경할지 안 할지 따위를 걱정해서는 안 되겠죠. 정신이 건강한 사람이라면 학부모로 하여금 자신의 인간성을 알게 한다고 해서 피해를 입지는 않을 것입니다.

할로윈 날 선생님의 학급을 방문했을 때 저는 선생님 반 아이들의 거의 모든 어머니와 상당히 많은 아버지가 와 계신 것을 보았습니다. 아이들이 선생님과 연습했던 〈호박 송(Pumpkin Song)〉을 부르다가 갑자기 가사를 잊어버려 한 소절을 놓쳤을 때, 저는 학부모들이 마치 선생님이 낙담하지 않기를 바라는 듯 걱정스러운 눈빛으로 선생님을 바라보는 것을 보았지요.

파티가 끝나자 아이들뿐 아니라 여러 학부모들도 선생님께 포옹을 하며 축하 인사를 건네더군요. 그때 선생님의 눈은 기쁨으로 빛났지요. 호박 의상을 입은 아이들이 벽장에서 외투와 가방을 꺼내어 문 앞에 줄지어 서는 동안 칠판 앞에서 어머니들과 이야기를 나누는 선생님의 모습은 무척 행복하고 편안해 보였습니다.

그때 이미 선생님은 여러 집을 방문하여 학부모에게 선생님의 휴대전화 번호를 알려주었고, 그래서 몇몇 학부모는 숙제나 아이의 수업 태도에 관해 질문이 있을 때 선생님께 전화한다는 것을 저는 압니다. 학부모 대다수가 선생님을 친구처럼 좋아하기 시작했다는 것 또한 알 수 있었습니다.

그때 교육대학 학생들이 그 교실에 있었다면 좋았을 걸 하는 생각이 드는군요. 그랬다면 그들은 자신의 사생활을 공개하기를 전혀 두려워하지 않고, 존경을 받기 위해서는 자신의 개성을 엄격하게 옥죄어야 한다고 생각하지 않는 사람이 사람들을 믿고 자신이 평범한 인간임을 터놓고 알린 보답으로 사람들에게서 애정과 신뢰를 받는 장면을 목격할 수 있었을 텐데 말입니다.

4 연륜 있는 선배에게 배우기

친애하는 프란체스카 선생님께

록스베리에서 어려운 첫해를 보내는 동안 무엇이 가장 큰 도움이 되었냐고 선생님은 여러 차례 저에게 물으셨습니다. 그것은 대답이 쉽지 않은 질문입니다. 제가 옮겨갔을 당시 그 학교에서 "최악의 학급"이라 불리던, 그리고 그 학교에서 제일 무서운 선생님 가운데 한 분이 "몹쓸 아이들만을 모아놓은 반"이라고 묘사했던 그 학급에서 계속 가르칠 수 있도록 저한테 기운을 주었던 것이 무엇이었는지 저 역시 확실히 알 수가 없기 때문입니다.

다만 그중 하나로 추측할 수 있는 것은, 선생님도 저번 편지를 읽고 짐작하셨겠지만, 수많은 학부모와의 우정을 들 수 있습니다. 그러나 아이들을 가르치는 데에 가장 큰 도움은 선배 교사한테서 받았습니다. 그분은 연륜이 많은 대선배라기보다 교직 경력이 육칠 년쯤 된 여선생님이셨는데, 교수자로서의 재능도 있었지만 교실 내의 복잡한 정치 역학을 이미 꿰뚫고 계셨지요.

그분은 특수 교육을 담당한 선생님으로 학업 성취도가 가장 낮은 학생들(대부분이 남학생)을 맡아서 가르치셨는데, 제가 학생들과의 상호작용을 가까이서 지켜볼 기회를 가졌던 선생님들 가운데 가장 훌륭한 분이셨습니다. 그분이 맡은 학생들 대부분은 신경학적 또는 정신의학적인 장애를 지닌 아이들이었고, 나머지는 의학적인 장애는 없지만 다른 학급에서 적응하지 못하거나 다른 선생님들이 통제하지 못하는 아이들이었어요.

운 좋게도 그분은 제가 맡은 반의 바로 옆 반 선생님이었기 때문에 제가 아이들을 맡기 전 여러 달 동안의 우리 반 아이들을 잘 알게 되었습니다. 그 아이들이 어떤 일을 겪었는지 아셨으므로 저한테 특정 아이의 문제나 학급의 전반적인 학업 수준에 관해 조언을 해주실 수 있었죠. 그때 날마다 전해주시던 그분의 수많은 고견이 없었다면, 그리고 모든 일이 꼬이는 듯했던 하루의 끝자락에 그분의 격려를 들을 수 없었다면, 저는 그 학급에서 견뎌낼 용기를 내지 못했을 것입니다.

P.S. 30—여러 해 동안 사우스브롱크스에서 좋은 초등학교로 꼽히던—에 제가 아는 젊은 교사 몇 분이 계셨는데, 그분들도 같은 학교의 선배 교사들에게서 받는 이런 도움에 의지한다는 말씀을 하시더군요. 선배 교사들 중 한 분은 그 학교에서 15년 넘게 근무해온, 저의 절친한 친구 루이스 베드록이었습니다. 그리

고 또 한 분은 프랜시스 듀크스라는 아프리카계 미국인 선생님이었습니다. 이분은 학습 장애를 지닌 아이들과 쉽게 산만해지는 아이들을 담당하셨는데, 이 아이들을 위해 직접 기획한, 엄하고 고된 학교의 일과를 아이들이 잘 수행할 수 있도록 위압적이지 않으면서도 능숙하게 아이들을 잘 통제했습니다. 그래서 저는 이분의 2학년 학급을 방문하는 것을 좋아했지요. 교실은 그분이 여러 해 동안 아이들에게 읽어주고 소중히 간직해왔다고 하신 어린이 책으로 가득했습니다. 이 훌륭한 선생님의 눈빛에는 차분하지만 당당한 위엄이 서려 있었습니다.

아이들이 버릇없이 굴 때면 그녀는 성난 목소리로 야단을 칠 필요가 없었어요. 대신 아이들 앞에 팔짱을 끼고 서서 아이들을 똑바로 쳐다보기만 하면 되었죠. 마치 할머니가 그러듯 말이죠. 젊은 교사들은 그분을 좋아하여 그분에게 위로와 격려를 구하곤 했답니다. 이들 중 몇몇은 그분을 어머니나 할머니처럼 대하곤 했지요.

저는 그분이 학교에서 은퇴하시던 날 그분의 학급에 있었습니다. 그녀는 울지 않으려고 애썼지만, 아이들과 작별인사를 하기 전 아이들이 수줍어하며 그녀의 책상으로 다가와 편지를 건네자(편지를 대여섯 번이나 접어 우표 크기만 한 편지를 건네는 아이들도 있었지요) 눈물을 흘리고 말았답니다.

수많은 초임 교사들이 유능한 선배 교사가 알려줄 수 있는, 아이에 관한 축적된 지혜와 여러 해에 걸친 풍부한 경험을 이용할 기회를 놓치고 있다는 생각이 들어 저는 프랜시스 듀크스를 떠올렸습니다. 초임 교사들이 저한테 하는 이야기를 종합해보면, 저는 이들이 일정 기간 동안 유행하다 말 것처럼 보이는 최근의 혁신적인 방식에 의존하며 같은 학교의 경륜 있는 교사들을 촌스럽다거나 '혁신적'이지 않다고 무시하는 인상을 받았습니다. 저 역시 훗날 록스베리에서 처음 교편을 잡았던 그 열악한 환경의 학교보다 훨씬 더 좋은 학교에서 가르칠 때조차 여러 차례 이런 실수를 저지르곤 했지요. 그 학교에는 정말 훌륭하고 노련한 선생님들이 많았는데도 말이에요.

언젠가 선생님도 이 문제에 관해 언급하신 적이 있었지요. 필라델피아에서 교생 실습을 하던 해에 처음 시작되었던 이 문제를, 제가 제대로 기억한다면, 처음에는 잘못으로 인식하지 못했다고 하셨죠. 젊은 교사들이 모여 앉아 자신이 느낀 좌절과 불안에 관해 서로 이야기를 나누고 함께 수업 연구를 했는데, 이들은 취향과 가치관, 그리고 성장 배경이 비슷하여 학교에서 선생님의 가장 친한 친구가 되었다고 하셨지요. 언뜻 이 모든 일은 아주 자연스럽고 완벽해 보입니다.

그러나 나중에 선생님이 깨달으셨듯이 나이가 비슷한 선생님들하고만 친하게 지내다 보면 자기도 모르는 사이에 선배 교사들 (몇십 년 동안 그곳에서 근무해온 이들은 대부분의 젊은 교사가 다른 학교나 다른 교육구로 옮겨 가거나 교직을 그만둔 뒤에도 남아 있곤 하지요)을 무시하는 결과를 빚게 됩니다.

그리고 선생님은 그 학교의 나이 든 선생님들 대부분이 아프리카계 미국인이었고, 선생님의 친구가 된 젊은 여선생님들은 공교롭게도 모두가 백인이었다는 사실을 떠올릴 때마다 얼굴이 화끈거린다고 말씀하셨지요. 의도하지 않았는데도 선생님은 젊은 신참 교사와, 상대적으로 관습적이고 침착하여 언제나 재미있지만은 않을 것 같은(마치 영리한 십대가 흔히 부모의 의견이나 가치관을 무시하거나 깎아내리듯 선생님의 친구들 중 몇몇이 '새로운 아이디어'의 걸림돌로 여겼던) 연륜 있는 교사로 양분되는 상황에 끌려들었다고 하셨습니다.

어떤 경우에는 이런 견해가 맞을지도 모릅니다. 모든 인종적 집단에는 주위 세상과 동네가 어떻게 변하든 상관없이 자신의 관습을 재검토하기를 거부하는 고집스런 일면이 있는 듯합니다. 그러나 나중에 선생님이 알게 되셨듯이, 그 학교에는 가까이 지냈다면 선생님에게 많은 도움이 되었을 훌륭한 선배 교사들이 있었습니다. 그리고 선생님이 늘 함께 시간을 보냈고 비교적 혜택 받은 계층 출신의 젊은 여교사들이 자기들끼리만 가까이 지냈다면 나이 든 선생님들의 눈에는 그들이 자신들을 업신여기거나 세대 차이로 인한 적대감을 느낀다고 비쳤을 것입니다. 여기에 인종적인 요소까지 더해졌다면 한 건물 안에서 젊은 세대와 기성세대,

그리고 백인과 흑인 사이에 일종의 보이지 않는 전쟁이 치러졌던 셈입니다.

제가 만난 젊은 백인 교사들 중 일부(이들 중 여럿은 앞에서 제가 언급했던 '속성' 프로그램을 통해 공립학교에 들어온 분들이었습니다)는 선생님이 말씀하셨던 것과 다르지 않은 상황에 처하게 되자 안타깝게도 공립학교를 떠나 반(半) 사립학교에 해당하는 차터스쿨[charter schools. 1990년대에 미국의 공교육 비판이 대두됨에 따라 등장한 새로운 학교 형태로 공공 재정에 의해 운영되는 공립학교이면서도 교육 과정과 교육 방법 등을 학교 재량에 따라 독창적이고 융통성 있게 운영할 수 있도록 허용받음]로 가거나 또래의 다른 교사들과 힘을 모아 새 학교를 설립했습니다. 그들은 전에 함께 일하던 교장과 '구닥다리' 교사들에게서 벗어나 홀가분하다고 하더군요. 슬픈 현실이지만 현재 적지 않은 수의 교사들이 공교육 민영화를 지지합니다.

프란체스카 선생님, 선생님은 이런 경향에 동조하지 않으실 거라 믿습니다. 필라델피아에서 보낸 첫해에 겪은 일들을 되돌아 보게 된 과정과, 어떤 좌절을 겪더라도 아이들 교육을 위한 분투는 공교육 테두리 안에서 이루어져야 한다고 생각하는 선생님의 굳은 믿음은 미디어 보도에서는 좀처럼 듣기 어려운 구원의 이야기입니다. 미디어에서는 예일대나 프린스턴대를 졸업한 젊은 수재들이 '틀에 박힌 교육'에서 탈피하기 위해(공교육 민영화를 추진하는 권력 집단에서는 이렇게 주장하죠) 공립학교를 떠나 간혹 펵 인상적이지만 더 넓게 보면 상류층 교육 기관에 불과한 학교를 창립한 사례가 더 자주 보도되곤 하죠.

창피한 일이지만, 저 역시 보스턴에서 첫해를 보낸 뒤 일이 년 동안 이런 유혹에 솔깃했던 경험이 있습니다. 그 시기의 제 마음 상태를 되짚어보면, 저는 제가 근무하는 학교의 열악한 교육 환경에 어찌 보면 당연할 수 있는 인내심의 한계와 심지어 건강한 것일 수도 있는 분노를 느끼고는 고작 10개월도 되기 전에 성급하고도 독선적인 결론을 내렸습니다. 대다수의 어린이들이 다니는 공립학교에 남아 분투하는 수많은 훌륭한 교사들의 노력에 등을 돌리기로 했던 것이지요.

현명하고 나이 지긋한 친구들은 저에게 다시 생각해보는 게 어떻겠냐고 조언했습니다. 그래서 저는 적어도 교장이 평교사의 심정을 이해할 줄 알고 교육 방식이 제 마음에 드는 다른 초등학교를 찾았습니다. 그 학교의 교장은 자주 저를 교장실로 불러다 제 실수에 관해 조언하곤 했는데 ─처음에는 제 경험 부족이 뚜렷이 드러나는 여러 분야 중 하나였던 산수를 효과적으로 가르치는 방법을 터득하느라 꽤 애를 먹었거든요─그럴 때에도 그분은 비판을 하기보다는 도움을 주려고 노력했습니다.

최근 지역 간 통합 프로그램의 일환으로 도심의 빈민 거주지 아이들에게 자원자에 한해 보스턴 외곽의 최고급 학교에 등록할 수 있는 기회를 주었습니다. 그래서 저는 도심의 황폐한 인종 차별적 학교에서 학업을 시작했던 흑인 아이들이 북적대지 않는 쾌적한 학교에 등록하는 것을 처음 보았습니다. 이 학교의 학급 정원은 35명이 아니라 19명이었어요. 그래서 옮겨온 아이들의 성적은 전보다 훨씬 더 빠르게 향상되었습니다. 그 학교의 교장은 쉽게 마음을 열고 학부모와 편안하고 솔직한 대화를 나누었기 때문에 록스베리의 학부모들 역시 학교를 방문했을 때 편안해 보였습니다. 교장은 자신을 믿고 아이를 맡겨준 것에 대해 학부모에게 진심으로 고마워했지요.

그분은 필요한 경우에는 교사들에게 엄격하기도 했지만, 사람을 끄는 온후한 성품의 소유자셨습니다. 게다가 인생과 유년과 교육을 무한한 모험으로 여기는 낭만적인 마음을 간직한 분이셨지요. 그분은 2차 세계대전 당시 이탈리아에서 종군 간호사로 일할 때 자칭 '젊은 혈기에 저지른 경솔한 짓'에 대해 이야기하여 저를 비롯한 여러 선생님들을 곧잘 놀라게 했습니다. 그 '경솔한 짓'이 무엇이었는지 상세하게 이야기하지는 않으셨지만 무언가 짓궂고 신나는 일인 것 같았지요.

어느 날 우리 반 아이들은 제가 가져온 오페라 테이프에서 흘러나오는 음악을 들으며 독후감을 쓰고 있었어요. 그런데 그때 교장선생님이 경쾌한 걸음걸이로 교실로 들어와서는 제 허리에 팔을 두르고 학생들 앞에서 춤을 추는 게 아니겠어요. 저는 춤을 추는 데 서툴렀기 때문에 당황했지만, 아이들은 이 광경을 몹시 재미있어했습니다. 필연적인 결과였지만 그 후 아이들은 저의 어색한 몸동작을 흉내내며 놀려대곤 했지요. 공립학교 관리자들은 명랑하지 않다는 그때까지의 고정관념이 빠르게 지워졌습니다.

현명하게도 선생님은 제가 잠시 접어들었던 에움길에 한눈을 팔지 않으셨습니다. 선생님은 보스턴에서 교직을 구할 때 의도적으로 차터스쿨은 피하고 일반 공립학교를 찾았다고 하셨습니다. 그러다 아이들과 교감할 줄 알고 학부모와 좋은 관계를 유지하며 (여러 선배 교사들과 함께) 선생님을 반가이 맞아준 교장을 만나게 되었다고 하셨지요.

저는 선생님이 옳은 결정을 했다고 느낀다는 것을 압니다. 추수감사절 직전에 선생님은 제게 이런 말을 하셨습니다. 교장선생님에게 글을 못 읽는 아이들이 너무 많아서 기운이 빠진다는 말을 했더니 저녁마다 교장선생님이 격려 전화를 걸어오신다고 말이죠. 이런 배려는 선생님에게 위로가 되었고 선생님의 마음에 힘을 불어넣어주었습니다. 선생님의 목소리에 다시 예전의 활기가 감도는 걸 느꼈지요. 그리고 선생님보다 훨씬 더 경력이 많은 5학년 선생님이 방과 후에 선생님 반으로 내려와 아이들을 가르치며 겪는 어려움을 털어놓기 시작했을 때 큰 격려가 되었다고 말씀하셨던 게 기억이 나는군요.

잘 알려진 시 가운데 W. H. 오든〔Wystan Hugh Auden, 1907~1973.

영국 태생의 미국 시인)이 지그문트 프로이트 박사에 대해 "그는 단지 노인처럼 기억하고 아이처럼 솔직했을 뿐이다"라고 쓴 게 있습니다. 22~23세의 초임 교사는 분명 '노인처럼 기억'할 수 없습니다. 그러나 그들은 기억하는 선배 교사에게서 경험에서 우러난 교수 기술뿐 아니라 흔히 그보다 더욱 중요한 것이라 여겨지는 한결같은 도덕성과 개인적인 자부심을 배울 수 있습니다.

오든의 시는 물론이고 선생님의 표현대로 "어떤 종류의 시" (심지어 조화와 교수법에 관한 시조차)도 교직을 준비할 때 이수해야 하는 "교수법 및 교수 자료" 과정이나 "교수법 기초" 과정에 포함되어 있지 않습니다. 설령 포함되어 있다 해도 주 교육부와 교육부의 명령에 복종해야 한다는, 학교 체제가 느끼는 압력에 의해 시는 너무나 빠르게 자취를 감춥니다.

'아이처럼 정직하기'는 여태껏 제가 본 어느 주의 커리큘럼에도 포함되어 있지 않았습니다. 실효성이 있다고 과학적으로 입증된 것들만이 교육계의 두뇌 집단에 의해 논의되고 노인의 식견을 시대에 뒤처진 것으로 여기는 이 시대에 '노인처럼 기억하자'는 말은 무익하고 심지어 불합리하게 들리는 것도 무리가 아닙니다.

이런 이유로 그토록 많은 고참 교사들(여전히 교실에서 열정적인 수업을 할 수 있고 매일 아침 학교에 갈 때마다 품곤 하던 기대감을 그리워하게 될 거라고 말하는 교사들)은 필요 이상으로 훨씬 더 일찍 퇴직합니다. 이들은 자신들이 쓸모없는 소모품으로 여겨진다는 것을 알아차린 듯합니다.

게다가 몇몇 주의 정치인들과 일부 지역의 학교 관리자들은 고참 교사들에게 일찍 퇴직하라고 너무 지나치게 설득합니다. 근무 연한에 따라 높은 호봉을 받는 이 고참 교사들을 훨씬 낮은 호봉을 받는 신참 교사들로 대체한다면 주 또는 지역의 교육 당국자는 당연히 비용을 절약할 수 있겠지요.

물론 고참 교사 가운데 일부(록스베리의 제 첫 학교에 있던 정말 끔찍한 고참 교사 몇몇)는 결코 격려나 지혜의 원천이 되지 못하므로 가능한 한 빨리 신규 교사로 대체되어야 합니다. 그러나 고참 교사 가운데 훌륭한 교사들은 교사진에 정서적 안정과 이타심을 불어넣습니다. 아울러 그들은 경험에서 얻은 학급 경영 및 교수법에 관한 모든 것을 신참 교사에게 전해줄 수 있습니다. 게다가 지역의 학부모들과 관계를 형성하는 문제에 대해서도 신참 교사를 도울 수 있습니다. 때로 이들은 학교를 거쳐 간 한 가족의 3대를 모두 알아, 살아 있는 경험을 통해 얻은 지역 사회의 역사를 젊은 교사들에게 알려줄 수 있습니다.

안타깝게도 요즘에는 '노인처럼 기억'하는 정치 지도자를 찾아보기 어렵고, '아이처럼 정직한' 정치인 역시 드뭅니다. 어느 주, 어느 지역의 젊은 교사들이건 고참 교사들이 자신의 필요나 의지보다 일찍 은퇴하도록 압력을 받는 것을 목격할 때 목소리를

높여 이들의 권익을 옹호할 만큼 양식이 있기를 바랍니다. 그러
지 않는다면 결국 학생들뿐 아니라 그들 자신이 가장 큰 피해를
입게 될 것입니다.

5 야생화

친애하는 프란체스카 선생님께

일전에 보내드린 프레드 로저스[Fred Rogers, 1928~2003. 교육자, 목사, 작사가, 미국의 유명한 어린이 프로 〈로저스 씨네 동네〉의 진행자]의 인용문이 마음에 드셨다니 기쁩니다. 그는 우리가 아이들의 말을 듣는 일에 더 주의를 기울여야 한다고 자주 역설했습니다. 프레드는 언젠가 저에게 "고요한 순간에, 어린아이들은 우리에게 영원한 무언가를 슬쩍 보여준다네"라고 말한 적이 있었지요.

선생님도 아시겠지만, 아이들은 자신이 맞닥뜨린 사소한 문제를 해결하거나 우리가 저들을 위해 해줘야 한다고 생각하는 것을 얻기 위해 갖가지 영리한 꾀를 궁리해내기도 하지만 어리석을 정도로 순진무구한 면도 있습니다. 적어도 제 경험에 비춰볼 때 아이들은 자신의 비밀을 말하는 것을 무척 좋아합니다.

"이건 비밀인데요."

사우스브롱크스의 어느 학교에서 아리엘이라는 여덟 살짜리 소녀가 어느 날 저한테 말했어요.

"제 별명은 감자(Potato)예요. 하지만 엄마는 저를 야생화라 불러요. 제가 예쁘기 때문이래요."

"그것 참 예쁜 이름이구나." 제가 말했어요.

"저도 그렇게 생각해요." 아리엘이 말했어요. "저는 다른 아이들이 저를 감자라고 부르는 게 싫어요……."

거의 2년쯤 지났을 때 제가 아리엘에게 그 이야기를 하자 그 애는 "어머, 제가 선생님께 그런 얘기를 했다니, 믿어지지가 않네요!"라고 했지요.

그때 저와 함께 브롱크스에 왔던 제 친구는 아리엘을 보더니 마드리드의 프라다 미술관에 있는 무릴로(Murillo, 1617~1682. 스페인의 화가)가 그린 〈갸름한 얼굴의 성모마리아〉가 생각난다고 했습니다. 아리엘을 맡았던 선생님들은 그 아이가 타고난 친절함과 다정함으로 어린 후배를 보살피고 어른을 공경할 줄 안다고 칭찬했습니다. 선생님들이 저한테 그애의 읽기 지도를 부탁했을 때 그 아이는 자신의 비밀을 소곤거리거나 저한테 작은 쪽지를 건네며 그 얘기를 아무한테도 말하지 않겠다고 약속해달라고 했지요.

주저하며 수줍게 우리한테 자신의 비밀을 털어놓은 몇몇 아이들은 나중에 글쓰기 기술을 익히기 시작하자 학급 신문에 기사를 쓰거나 처음으로 시 쓰기를 시도하는 등 좀 더 적극적인 방식으로 자신을 드러낼 수 있게 되었습니다. 아리엘은 4학년 때 `시를 쓰기 시작했습니다. 그애의 첫 시는 할아버지를 기리며 쓴 〈약손 (Soothing Hand)〉이라는 정겨운 시였습니다.

일반적인 대화체 운율을 지닌 2행연구 형식으로 돌아가신 할 아버지에 대한 사랑을 노래한 시로 "슬픔 없는 새"가 "지옥을 뚫 고 솟아올라" "평화를 퍼트린다"는 내용이었습니다. 아리엘의 할아버지는 아리엘이 태어나기 전에 돌아가셨기 때문에 아리엘 은 할아버지를 알지 못하지만 할아버지를 사랑한다고 했습니다. 그애는 할아버지가 "강인"하지만 "아주 점잖은"(싸움을 좋아하지 않는) 분이라는 것을 안다고 말했습니다. 그리고 그애는 분명 할 아버지가 천국에서 자기를 내려다보고 있을 거라고 확신했지요.

아리엘은 P.S. 30에 다녔는데, 이 학교의 교장은 파인애플이 다닌 학교의 교장보다 더 융통성 있는 분이어서 학교의 분위기가 더 자유로웠습니다. 아리엘의 담임선생님은 커리큘럼과는 상관 없이 아이들에게 독자적인 글짓기 시간을 많이 주었습니다. 프롬 프트를 제시하여 글을 짓도록 하는 대신 아이들이 선생님과 공유 한 기억이나 일기장에 언급한 개인적인 생각에서 끌어낸 이야기 를 쓰도록 했습니다. 나중에 그는 저에게 그 학급의 다른 아이들 이 쓴 시를 보여주었습니다. 아리엘이 할아버지를 추모하며 쓴 시만큼 진지한 시는 없었습니다. 그 학급에서 가장 체구가 작은 레지널드라는 조숙한 남자아이는 두꺼운 안경─걸핏하면 깨트 리거나 잊어버리곤 하는─을 쓰고 있었는데 자기 엄마와 아빠에 관한 짧은 산문시를 썼습니다.

"엄마가 '사랑해'라고 말하고 아빠가 '사랑해'라고 말하면 '나도 사랑해'라고 말해야 해요. 그러지 않으면 버릇없는 아이가 되어 저녁도 못 먹고 방으로 쫓겨가게 되거든요."

산티애고라는 남학생은 벽 너머에서 소리를 내는 생쥐 또는 이름 모를 생물에 관해 썼습니다.

"집에 있는 작은 동물들은 마치 자기들이 집주인인 듯 굴어요. 아기들이 사랑해달라고 먹을 것을 달라고 울어요. 밤의 어둠에는 위험이 도사리고 있어요."

그 학급의 교실 문에는 학생들이 작문한 종이가 빼곡히 붙어 있었는데, 그 중에는 덜 다듬어진 것, 철자가 틀린 것, 끝맺지 못한 문장, 또 행이 바뀌었는데도 계속 이어지는 문장도 있었습니다. 저는 그 선생님이 이런 아이들의 글을 읽은 뒤 통과시켰다는 것을 압니다. 아이들이 최선을 다해 쓴 글이라면 실수를 고치지 않은 채 아이들이 쓴 그대로 전시했던 것이지요.

보스턴에서 아이들을 가르칠 때, 그리고 뒤이어 교외의 좀 더 여유롭고 자유로운 학교에서 가르칠 때 저도 그렇게 했습니다. 가위표를 하거나 두 줄을 그어 지운 것, 철자가 틀린 것, 아무런 이유 없이 대문자로 쓴 단어(특별한 의미를 지녀 주의를 끌 필요가 있는 단어 말고) 등 불완전한 작문을 게시판에 붙였습니다. 이런 실수를 어떻게 고치는지, 어떻게 철자를 바로잡는지, 문장을 시작할 때와 나중에 나올 장소와 사람 이름에 쓰기 위해서는 아무 단어나 대문자로 써서는 안 된다는 맞춤법을 가르치는 것은 그리 어려운 일이 아닙니다. 제가 늘 가장 중요하게 여겼던 점은 아이들이 글을 쓸 때 가슴에 품은 좋은 생각을 그 풋풋함과 생기가 고스란히 살도록 종이에 옮길 수 있게 하는 것이었습니다.

요즘 제가 방문하는 도심 학교에 계신 선생님들은 학생들의 불완전한 작문을 전시하는 것을 꺼립니다. 파인애플이 다니는 학교에서는 장학사들이 회람판을 들고 방문하여 게시물을 검사하곤 합니다. 선생님들에게는 모범적인 게시물의 '다섯 가지 필수 요건'이라는 목록이 주어집니다. 불완전한 철자, 가위표가 그어진 단어, 심지어 삭제된 단어조차 심각한 위반으로 간주되지요.

심지어 이 학교에서 가장 훌륭한 젊은 교사도 이런 작문을 게시하려거든 잘못된 부분을 직접 손으로 고치거나 전문을 올바르게 타자기로 작성한 뒤에 붙이라는 지시를 받았다고 하더군요. 그러나 그분은 학생들이 쓴 작문을 고치지 않겠다고 교장에게 말했고, 그러자 교장은 그런 식으로 복종하지 않는다면 그것을 나타내는 '글자'가 인사 파일에 적힐 거라고 경고했다는군요.

다행히 대부분의 교장들은 그렇게 폭압적이지는 않습니다. 그런 비윤리적인 행동을 하도록 요구하는 교장은 아주 드물 겁니다. 하지만 아이의 글을 결점이 있는 상태로, 다시 말해 아이가 쓴 그대로 전시하도록 허락하는 것을 꺼리는 경향이 점점 더 늘고 있습니다. 아이의 '생산품(product)'(기업에서 도심 지역의 교육계로 들여온 여러 용어들 중 하나죠)에 대해 전체 학교에 일관적으로 적용되는 전시에 관한 방침은 그런 귀여운, 때론 몹시 매력적이고 때론 몹시 재미난 실수를 전시하는 것을 금지합니다. 그러나 이런 엄격한 요구 사항이 뿌리 내리지 못한 교외의 좋은 학교에서는 여전히 게시판에서 이런 실수를 볼 수 있지요.

이번에는 아이의 말을 더 주의 깊게 들어야 한다는 로저스 씨의 말에 대해 생각해봅시다. 요즘 이렇게 하기가 점점 더 어려워지는 이유 중 하나는 하루의 거의 대부분을 교사들은 '작업 중'(이것 역시 기업에서 들여온 용어)이어야 하는데 벽에 게시된 '목표'나 '성과'로 지정된 것만을 중요한 일로 간주하는 도심부 학교 체제의 고집 때문입니다.

수업 목표를 정하는 일은 분명 오랫동안 존중되어온 관습입니다. 제가 여기에 이의를 제기한다는 잘못된 인상을 주지는 않았으면 합니다. 수많은 학교에서 문제가 되는 것은 목표 그 자체가 아니라 너무 혹독하고 가차없이 목표 추구가 강요된다는 것과 주에서 수업 목표가 지시되기 때문에 교사들이 자신의 수업 목표를 스스로 선택하지 못하는 데에 있습니다.

현재 도심 지구에서는 지나치게 세밀하게 지정된 수업 계획안이 흔히 사용됩니다. 주에서 제공하는 이 계획안은 단어 하나하나까지 명시되어 교사에게 전달되고 아이들을 고부담 시험

(high-stakes exam)이라는 목표에 매달리게 하기 때문에 교사들은 아이들에게서 끌어내도록 수업 계획안에 지정된 대답을 하지 않는 아이들, 심지어 더욱 용서하기 어렵게도 교사의 질문을 무시하고 더 좋은 질문을 하는 아이들에게 주의를 기울일 시간적 여력이 없습니다.

분 단위로 해야 할 내용이 기재된 이 수업 계획안은 일정이 빡빡한 유럽 16도시 여행을 생각나게 합니다. 마음이 끌리는 거리가 보일 때 버스에서 내려 이리저리 걸어보지도 못하고 여행 일정에 포함되지 않은 노천카페에서 음료를 마실 수도 없는 그런 여행 말이에요. 마음 가는 대로 움직이다가는 다음 행선지에 너무 늦기 때문입니다. 너무 자주 버스에서 내리려 하는 사람들은 곧 골치 아픈 승객으로 몰리게 되죠. 이와 마찬가지로 수업 계획안이 지정하는 경로를 자꾸 이탈하려는 아이들 역시 환영받지 못합니다.

가령 학급 토론을 할 때 한 아이가 수업 목표에 부합하지 않은 것―그 아이에게는 몹시 중요한 것, 재미있는 것, 너무 감동적이어서 외치지 않고는 못 배기는 것―을 말하며 자꾸 흐름을 중단시킬 때 이런 상황에서 교사는 그 아이에게 그런 생각을 계속하게끔 허락하려 하지 않고 그 아이의 말을 중단시키거나 무뚝뚝한 말로 그 아이에게 주의를 줘야 한다고 생각합니다.

2학년 담임교사 한 분은 언젠가 저한테 예닐곱 살 된 아이들

은 수업 계획을 뒤집어엎는 데 '천재적인 재능'이 있다고 말씀하
시더군요. 이 나이 또래 아이들의 앙증맞은 습성 가운데 하나는
두서없이 이 말 저 말을 해대며 주제와는 무관한 기쁨의 왕국으
로 다가가는 것입니다.

"선생님, 알아맞혀보세요!"

아이가 말합니다.

"무얼 말이니?"

선생님이 말합니다.

"일요일에 푸키 삼촌이랑 동물원에 갔어요. 무슨 일이 있었게
요?"

"무슨 일이 있었는데?"

"아기 곰을 봤어요!"

그러고 나서 그 아이는 '그리고'와 '하지만'을 거듭 말해가며
처음에 무슨 말을 하려 했는지도 잊어버린 채 끝도 없이 문장을
이어갑니다. 그러나 이따금 이 모든 '그리고'와 '하지만'의 끝에
는 우리가 그때껏 그 아이에 관해 알지 못하던 무언가를 알려주
는 숨겨진 비밀 한 자락이 펼쳐집니다. 그리고 훌륭한 교사는 그
순간 알게 된 숨겨진 비밀을 이용하여 아이에게 동기를 부여하고
아이를 다시 학급 활동으로 이끕니다. 그리고 아이는 교사가 아
이의 말을 중단했다면 생겨나지 않았을, 그리고 교사의 눈에 영
영 보이지 않았을 목표 의식을 가지고 학급 활동에 참여합니다.

"그래, 그것 참 멋진 이야기로구나. 자, 그럼 이제 우리가 하던 일로 돌아가서 네가 지금까지 들려준 재미있는 이야기를 전부 종이에 옮겨 적어볼까?"

예컨대 저는 선생님이 샤니쿠아와 이런 장면을 연출하는 걸 본 적이 있습니다. 선생님은 그 아이가 마음껏 주제에서 벗어난 이야기를 하도록 내버려두었고 다른 아이들에게 샤니쿠아의 이야기 가운데 가장 마음에 드는 대목을 그 아이에게 말해주라고 하고는 그 아이한테 말한 단어의 철자를 종이에 적어보고 그것들을 문장으로 조합해보라고 했습니다.

일단 아이가 실제로 관심이 있는 것에 대해 적었다면, 아이와 함께 단어를 하나하나 검토하면서 빠트린 단어를 알려주는 일도 어렵지 않습니다. (1, 2학년 아이들의 공부를 봐줄 때면 거의 매번 경험한 일이었는데, 아이들의 귀에는 자기가 적었다고 생각하는 단어가 들리나 봅니다. 마치 그 단어가 거기에 적혀 있기라도 한 듯 아이들은 큰 소리로 우리한테 읽어주다가 그 단어를 잊어버리고 쓰지 않았다는 사실을 지적해주면 깜짝 놀라곤 하죠.) 그리고 일단 실제로 일어난 일을 적었다면 아이들은 그것을 우리에게 읽어줄 때 스스로 문장을 어디서 끝내고 어디서 시작해야 하는지 알게 마련이므로 우리는 아이들이 어디서 문장을 마치고 어디서 새 문장을 시작해야 하는지 어렵지 않게 도와줄 수 있습니다.

부담이 많은 수업 시간에는 학생들은 실제로 일어난 일을 종이에 옮겨 적을 기회를 갖지 못하거나, 설령 그럴 기회가 있더라도 대부분의 교사는 학생들에게 '더 좋은 단어'를 제시하여 학생들이 사용하는 단어를 개선하도록 교육받아왔기 때문에 단어의 생생함을 잃게 되는 경우가 다반사입니다. 특히 거주 지역 때문에 '문화적 박탈'을 당한 사람들로 분류되는 아이들을 교육하는 학교에서는 더더욱 이런 경향이 두드러집니다.

이것은 유감스럽게도 오래전부터 계속되어온 문제입니다. 예컨대 제가 보스턴에서 교편을 잡았을 때 작문 수업 전문가가 어느 날 작문 수업을 어떻게 하는지 시범을 보여주기 위해 우리 학급에 왔습니다. 그분은 아이들에게 '뚱뚱하다(fat)'의 반의어가 무엇인지 물었습니다(반의어, 동음이의어, 동의어 등은 당시 그 학교의 4학년 커리큘럼에 포함되어 있었습니다). 그러자 앨라배마라는 우리 반 여학생이 용기를 내어 '빼빼하다(skinny)'라고 대답했습니다.

그 작문 교사는 미간을 찌푸리더니 잠시 아무 말 않다가, 여러 해 동안 연습해온 웃음을 지어 보이며 말했습니다.

"자, 생각의 모자를 쓰고 '빼빼하다'보다 더 좋은 단어를 생각해보자꾸나."

이렇게 하여 그녀는 그 아이로 하여금 '날씬하다'라는 단어를 말하도록 유도했습니다.

저는 그 작문 교사가 그렇게 한 이유를 알아챘습니다. 그녀는 자신이 그 아이의 언어 스타일을 바꿔 좀 더 품위 있어 보이는 단어를 사용하도록 함으로써 진정으로 이 지역 아이들에게 유익한 일을 한다고 생각하는, 자신감과 결의에 찬 사람이었습니다. 그러나 저는 그 작문 교사가 감정을 상할까 봐 차마 입 밖에 내지는 못했지만, '빼빼하다'가 '날씬하다'보다 더 유쾌하고 더 생생하고 더 예리한 단어라고 생각했습니다. '날씬하다'는 신문의 우아한 사교계 소식이나 패션 잡지에나 어울림직한 단어지만 '빼빼하다'는 어린이가 실생활에서 사용하는 단어고, 솔직히 저였어도 이 단어를 택했을 것입니다. 그 아이가 대학에 가서 단어의 활력을 식별할 줄 아는 안목을 갖춘 훌륭한 작문 선생님을 만난다면 그 선생은 그 아이로 하여금 다시 '빼빼하다'를 사용하게 하려고 애쓰게 될 것입니다.

그 일이 있기 얼마 전, 그 작문 교사는 아이들이 독후감을 쓸 때 사용하면 좋을 형용사 목록을 스스로 '10달러짜리 형용사'라는 이름을 붙여 게시판에 붙여놓았습니다. '해학적이다', '재미있다', '다채롭다', '흥미진진하다' 이 네 가지는 제가 적어 넣은 것이어서 지금도 기억이 나는군요. '지루하다', '멋지다', '굉장하다', '무섭다', '웃기다', '슬프다', '애처롭다', '끔찍이도 재미없다', '바보 같다' 등의 형용사는 그 목록에 없었습니다. 백인이건 흑인이건 부잣집 아이건 가난한 집 아이건 아이가 일반적인 대화에서 자신이 읽은 책을 '다채롭다'거나 '해학적이다'라고 표현하는 빈도가 과연 얼마나 될까요?

요즘 제가 방문하는 도심의 학교들 중 몇몇 학교에서는 이와 비슷한 관행이, 아니 더 심한 관행도 흔히 일어납니다. 예컨대 제가 작년에 방문했던 5학년 어느 학급에서는 주 교육부에서 보내온 문서라는 44개 '공식 문장' 목록을 게시하여 아이들에게 자신의 능력 수준을 말할 때 사용하도록 했습니다. 이 문장 가운데 하나를 예로 들면 아이들의 머리 위쪽에 붙은 것으로 "효과적인 글쓰기의 여섯 가지 특성을 고려할 때 나의 작문 실력은 능숙하여 나는 짝과 의논하지 않고도 내 작품을 개선할 수 있습니다"라는 문장이 있답니다.

'효과적인 글쓰기'에 더도 말고 덜도 말고 꼭 '여섯 가지 특징'이 있다는 것은 납득하기가 어려웠습니다. 대부분의 작가들은 아마 이를 근거 없는 생각이라고 일축했을 것입니다. 분명 주 관료 가운데 누군가가 문장 구조 교수법에 관한 책을 읽다가 깊이 생각해보지도 않고서 차용해온 것일 테지요. 그러나 이 문장에서 가장 납득이 안 되는 부분은 '능숙하다'라는 단어입니다. 5학년 어린이가 왜 이렇게 부자연스런 단어를 배워야 할까요? 이런 종류의 언어는 가난한 아이들에게 고급 문화를 익히게 하기는커녕 견고한 앵글로색슨어인 '스킬(skill. '기술, 기능'이라는 뜻)'보다 3음절이 더 많은 '프로피션시(proficiency. '능숙함'이라는 뜻)'를 사용하는 것을 지적 교양의 증거라고 믿는 관료의 졸렬한 문화를 강요하는 것에 지나지 않습니다. 이런 단어들은 문예를 가르치는 게 아니라 현학을 가르칩니다.

이 모든 것의 궁극적인 목표가 우리 학생들에게 다음절 단어를 사용하도록 하는 것이라면 그 교실에 게시된 단어들보다 훨씬 더 아이들의 흥미를 끄는 길고도 재미있는 단어들이 많습니다. 몇 년 전부터 저와 알고 지낸 브롱크스의 시에라 스마일리라는 아이는 3학년 때 할머니가 '퍼스니키티〔persnickety. '까다로운'이라는 뜻임〕'라는 단어를 쓰는 걸 듣고부터 이 단어를 좋아하게 되었습니다. 그 아이는 이 단어의 소리를 좋아했습니다. 처음에는 이 단어의 철자가 어떻게 되는지 알 수 없었으나 선생님의 도움을 받아 발음에 근거하여 철자를 알아냈습니다. 아마도 그 아이가 이 단어를 좋아하는 까닭은 단어의 소리로 의미를 유추할 수 있기 때문일 것입니다. 마치 좀 까다로운 사람의 목소리처럼, 또는 손녀가 성가시게 굴 때 손녀의 목소리가 좀 까탈스러워지는 것처럼 음절들에서 갈라지는 소리가 나는 듯합니다. 선생님의 목표가 학생들로 하여금 여러 음절의 단어를 사용하도록 하는 것이라면 '퍼스니키티(까다로운)'야말로 '프로피션시(능숙)'처럼 죽은 나무 같은 교육학적 용어보다 훨씬 더 낫습니다.

선생님이 필라델피아에서 가르칠 때 아이들 중 한 명이 '뱀부즐〔bamboozle. '속이다'라는 뜻임〕'의 뜻을 질문했다던 일화가 기억납니다. 선생님은 그 아이에게 이런 힌트를 주며 맞혀보라고 했다고 하셨지요.

"너희들이 선생님들한테 아주 잘하는 것이지. 특히 나한테 말이야!"

그리고 나서 선생님은 그 아이에게 사전에서 그 뜻과 철자를 찾아보라고 했습니다. 그 뒤부터 그 아이는 기회가 있을 때마다 그 단어를 사용했다죠. '뱀부즐'이란 단어는 소리가 즐거워요. 이 단어를 말할 때마다 웃음짓게 되죠.

공립학교에서 교직 생활을 시작하게 될 선생님들께 드리고 싶은 말씀은 아이들의 말을 즐겨 들으시고, 아이들로 하여금 사용하게 하라고 지시받은 말들에 얽매이지 마십시오. '스키니(빼빼하다)'와 '뱀부즐(속이다)'과 '퍼스니키티(까다롭다)' 같은 말들을 찬양하십시오! '효과적인 글쓰기의 여섯 가지 특징'과 '능력 수준' 목록 따위는 교육부 관료들과 교육 과정 부서의 글쓰기 프로그램 기획자들에게 맡기십시오. 살아 있는 아이들에게 죽은 단어를 강요하지 마십시오. 그리고 아무리 학교 체제가 따분한 명령의 용어로 계속해서 업무에 매달리도록 요구하더라도 어린 아리엘과, 안경을 어디에 두었는지 잊어버리곤 하는 레지널드 같은 조숙한 소년이 우리 곁에 살며시 다가와 비밀을 속삭일 때 그들의 말에 귀를 기울일 시간을 내도록 하십시오.

6 악동 다스리는 법

—우리를 좋아하지 않기로 작정한 듯 보이는 아이들에 관한 견해

친애하는 프란체스카 선생님께

저는 요즘 반항적인 아이들에 관한 문제를 놓고 씨름하고 있습니다. 마치 학교에 오기 전부터 우리를 미리 싫어하기로 작정이라도 한 듯 우리를 믿어서는 안 될 사람으로 여기고 우리가 가르치려고 노력할 때마다 번번이 도전하며 반항적인 태도를 보이고, 교실에서 우리의 존재를 무시하고 제멋대로 행동하는 아이들이 있을 수 있습니다.

저는 이 문제에 답하기 위해 제가 가장 좋아하는 작가 중 한 명인 대니얼 디포의 글을 인용하고자 합니다. 디포는 영국 최초의 근대 소설을 쓴 작가로 유명하지만, (최근에 기사체 소설(journalistic fiction)로 분류되곤 하는) 감동적인 다큐멘터리 《역병의 해 일지(A Journal of the Plague Year)》를 쓰기도 했습니다.

이 책에서 디포는 런던 거리의 떠돌이 악사에 관한 유명한 일화를 소개합니다. 전염병이 돌던 해에 술을 너무 많이 먹고 깊이

잠들었던 이 악사는 전염병에 걸려 죽은 사람으로 오인되어 수레에 실려 갑니다. 마침내 수레가 시체를 던져 넣는 곳에 이르자 그 떠돌이 악사는 잠에서 깨어 수레에서 고개를 쳐들고 외칩니다.

"이봐요! 여기가 어디죠?"

그 소리에 일꾼들은 소스라치게 놀랍니다. 잠시 후 일꾼들 중 하나가 말합니다.

"하느님, 우리에게 은총을! 아직 완전히 죽지 않은 사람이 있습니다!"

다른 사람이 그에게 묻습니다.

"당신은 누구요?"

떠돌이 악사가 대답합니다.

"난 가난한 떠돌이 악사요. 여기가 어디죠?"

"저런, 당신은 죽은 사람을 실어 나르는 손수레에 누워 있고 우리는 당신을 땅에 묻을 참이었소."

"하지만 난 죽지 않았어요, 맞죠?"

떠돌이 악사가 말합니다. 그제야 사람들은 놀란 가슴을 쓸어 내리며 웃습니다.

뉴욕의 헤럴드 광장 32번 가에서는 마티니크 호텔이라는 홈리스 보호소에 묵고 있는 아이들이 양동이와 걸레를 들고 거리로 뛰어나와 차들이 녹색 신호등이 켜지기를 기다리며 멈춰 서 있는 동안 앞 유리창을 닦습니다. 이들의 이런 행동에는 즐거운 장난기마저 감돕니다. 아이들은 서로 소리치곤 합니다.

"야! 2달러 벌었다."

그리고 이들은 못마땅한 운전자들을 조롱하곤 합니다. 운전자들 중에는 이 아이들과 접촉하기 싫어서 돈이 통과할 만큼만 틈을 남기고 창문을 닫아 올린 사람들이 있었거든요.

차들 틈으로 뛰어드는 이들을 볼 때면 신호등을 무시하고 질주하는 조급한 운전자가 있지는 않을까 마음이 조마조마해집니다. 교외에서 온 사람이나 여행자들은 근처에 아이들 1천6백 명을 수용하는 위험하고 불결한 보호소가 있다는 사실을 알지 못했을 것입니다. 아이들은 의도적이지는 않았겠지만 이들로 하여금 별로 알고 싶지 않은 사실을 알게 했던 것입니다.

봄베이에서 구걸하는 아이들은 쉬 잊을 수 없는, 이런 노래를 부릅니다.

"우리는 그대의 발 아래에 있는 먼지, 피지 않는 꽃."

그러나 마티니크 호텔의 깡마르고 왜소한 아이들은 스스로를 이렇게까지 비하하지는 않습니다. 이들은 소리를 질러가며 존재를 드러내고, 자신들을 무시하는 사람들에게 욕설을 해대고, 이따금 인심 후한 사람이 5달러짜리 지폐를 건네주며 어쩐지 그래야 할 것 같아서 그들의 이름을 묻거나 어디에 사는지, 또는 돌봐줄 어머니가 계신지 등을 묻기라도 하면 승리의 환호성을 지릅니다.

그러나 낯선 사람이 자신들을 걱정해줄 때조차 아이들이 반응하는 방식에는 여전히 조롱의 기운이 스며 있었습니다. 이들은 사회의 변두리로 밀려난 것에 대한 뿌리 깊은 분노에서 에너지를 끌어내는 듯 보였습니다. 그들은 자신들에게 친절한 사람들을 가장 증오하는 것 같았습니다.

저는 로스앤젤레스, 시카고, 뉴욕 등의 극빈 구역에 위치한 공립학교를 방문했을 때 교실에 앉아 있는 어린 부랑자 같은 아이들을 많이 만났습니다. 이들은 일반적으로 가장 가르치기 힘든 아이들이고 교사들에게 가장 큰 골칫거리이기도 합니다. 특히 교직에 갓 들어선 초임 교사들에게는 더더욱 그렇습니다. 이 아이들은 초심자의 불안을 용케 알아채고는 교사에게 맞서 처음부터 자신감을 산산이 부서뜨리곤 하죠. 이 아이들 가운데 몇몇은 교사에게 너무나 노골적으로 반항하고 빈정대고 비난하고 무례하게 구는가 하면 다른 아이들에게 몹시 적대적이어서, 학급에 이런 아이가 한 명만 있어도 거의 모든 진지한 교수(教授) 활동이 이루어지기 어렵습니다.

수많은 젊은 교사들이 아무리 다정하고 참을성 있게 아이들을 대하려고 노력해도 이런 아이들과 맞닥뜨리면 극단의 조치를 취하지 않을 수 없게 됩니다. 그들은 이렇게 말하곤 하지요.

"이 말썽꾸러기를 다루는 데 제 시간의 대부분을 써버린다면 나머지 대다수의 아이들에게 좋은 것들을 알려줄 시간이 없어질 거예요."

그래서 이들은 자신의 원칙에 위배되더라도 그 아이를 눈길이 미치지 않는 곳으로 오랜 기간 격리하곤 합니다.

제가 맨 처음 선생님의 반을 방문했을 때 선생님 반에도 이런 아이가 있었습니다. 너무 장난을 쳐서 선생님은 이 아이를 다른 아이들의 공부를 방해하지 못하도록 구석 자리에 있으라고 명령했습니다. 선생님은 그 아이가 귀엽다고 시인한 적이 있었으니 그렇게까지 해야 한다는 게 마음이 편치 않으셨을 거예요. 선생님은 이렇게 말씀하셨죠.

"저는 그 아이가 마음에 들어요. 반항하는 것마저도요. 하지만 그 아이에게는 상식이 없어요. 예의라고는 눈곱만치도 찾아볼 수 없으니 버릇을 가르쳐야죠."

그 아이는 큰 키에 흐느적거리는 팔다리가 약간 우스운 모습이어서, 그 아이가 교실을 가로질러 걸어갈 때면 스테이지 코미디언 같다는 생각이 들었습니다. 선생님은 이렇게 말씀하셨죠.

"그 아이는 마치 실리 퍼티〔흐물흐물한 플라스틱〕로 만들어진 인형처럼 움직여요. 의자에 앉을 때도 다른 아이들처럼 앉지 않지요. 마치 연극을 하는 듯한 몸짓으로 자기 의자에 가서 앉는답니다."

그 해 첫째 주 어느 날 오후—선생님이 그 아이를 구석자리에 앉히기 전—그 아이는 자기의 의자 뒤로 뛰어오르며 뒤에 앉은 아이의 얼굴을 발로 찼다지요.

　제가 교실에 있던 날 오전에는 그 아이가 다른 아이들에게 못된 짓을 하지 않았습니다. 그 아이는 책상 앞에서 팔짱을 낀 팔에 머리를 숙이고 앉은 채 선생님과 다른 아이들을 무시하기로 작정한 듯 보였습니다. 제가 다가가 그 아이 옆에 서서 "안녕" 하고 인사를 건네자 그 아이는 저를 흘끔 쳐다보더니 한마디도 하지 않고 제 인사를 묵살하더군요. 그 아이는 심지어 머리조차 들려고 하지 않았어요. 그저 앉은 자리에서 저를 훑어보더니 다시 눈을 감아버렸지요.

　그러자 다른 아이가 "쟤는 원래 저렇게 불친절해요!" 하고 제게 말해주더군요. 제 기억이 맞다면, 제가 방문한 지 일주일쯤 지났을 때 선생님은 그 아이가 교실 안을 휘젓고 다니며 다른 아이들의 책상에서 지우개나 연필을 집어가는 등 말썽을 부리는 통에 교장선생님께 매일 한 나절씩만 교장실에 좀 데리고 있어달라고 부탁해야겠다고 말씀하셨습니다.

　그 아이가 그나마 덜 반항적으로 행동할 때는 선생님이 학급문고에 있는 에릭 칼(Eric Carle)의 수많은 책 가운데 하나인 《퉁명스러운 무당벌레》에 관한 앙증맞은 책을 읽어줄 때뿐이었습니다. 그 아이는 분명 그 이야기를 좋아하는 것 같았고 꽤 오랫동안 집중했지만, 그러면서도 자기에게 필요한 공간을 차지하고 있는 다른 아이들을 계속 밀어내더니, 바닥에 배를 깔고 엎드려 몸을 뻗은 채 팔꿈치를 바닥에 대고 몸을 기댄 자세로 고개를 들어 선생님이 가리키는 그림을 쳐다보았습니다.

그러나 이야기가 끝나자마자 그 아이는 예전의 고약한 습성으로 되돌아가, 교실을 빙 돌아서 자기 자리로 가 앉아서는 마치 TV 리모컨으로 프로그램을 선택하는 사람처럼 선생님의 프로그램은 재미가 없어서 볼 수 없다고 판단한 듯 완전히 외면하는 것이었습니다. 이런 이 아이의 행동은 선생님이나 다른 아이들을 분명 짜증나게 했을 것입니다.

그 다음에 가보니 선생님은 그 아이를 좀 더 잘 관찰하고 가끔씩이라도 학급 활동(그 아이는 길이가 다른 빨간색, 파란색, 노란색 막대를 움직이는 놀이 같은 몇몇 활동에는 흥미를 보였지요)에 참여하도록 이끌기 위해 그 아이를 칠판 옆 자리로 옮겨 앉게 했더군요. 선생님은 마침내 그 아이가 하루 종일 거의 아무것도 하지 않으려니 지루하다고 선생님께 털어놓은 걸로 보아 그 아이가 교실에 있는 몇 시간 동안 자신의 삶을 좀 더 흥미롭게 만들어주는 일을 선생님께 맡길 마음이 있는 것 같다고 하셨지요.

11월에 제가 다시 선생님의 학급에 가보았을 때 그 아이는 더는 그렇게 적대적인 태도를 보이지 않았지만, 여전히 다른 아이들이 하는 일(일기를 쓰거나 책을 읽는 일)을 방해하고 연필이나 크레용처럼 다른 아이의 책상에서 집어낼 수 있는 물건들을 자기 것이라 우기며 티격태격 다툼을 벌였습니다. 그 아이가 이런 행동을 할 때 선생님은 인상을 찌푸리며 엄한 표정을 지으셨는데, 그러면 그 아이가 얼마 동안은 비교적 조용하고 예의바르게 가만히 있곤 했지요. 선생님은 표정으로 제압하는 법을 잘 아셨고, 저는 선생님의 그런 모습이 매우 인상적이었습니다.

선생님은 그 아이의 이름은 도비지만 그 아이는 자기를 '캡틴 블랙'이라 불러주기를 바란다고 하셨습니다. 그리고 선생님은 추수감사절 직전에 갑자기 생각이 나서 그 아이의 집을 방문했는데, 그 아이에게 줄 선물로 직접 구운 초콜릿 쿠키 한 상자를 들고 갔다고 하셨지요. 선생님은 그 아이가 방이 부족해 누나와 엄마와 함께 쓰는 방의 작은 침대에서 잠을 잔다는 것을 알고 충격을 받았으나, 그 아이가 선생님을 맞아준 태도에 힘이 났다고 하셨습니다. 친절하게 대해줄 때마다 빈정대며 그 진의를 불신하던 그 아이의 태도가 그때쯤 얼마간 해소되었음을 느꼈다고 하셨지요. 선생님은 그 아이가 자기 어머니에게 선생님을 "좋은 분"이고 "우리 학교에서 제일 훌륭한 선생님"이라고 소개했을 때(온종일 선생님 속을 그렇게 태우던 아이가 어떻게 제 어머니에게 그렇게 말할 수 있었을까요?) 그리고 그 아이가 작별 포옹을 해주었을 때 깜짝 놀랐다고 하셨습니다.

교육학적 관점에서 제가 최초로 문제 해결의 징후를 포착했던 때는 그 아이가 전에는 드러내려 하지 않던 두려움과 분노의 기억에 관한 글로 자신의 공책을 채우기 시작했을 때였습니다. 선생님은 그 아이가 쓴 글을 활용하여 성인용 철자 교정법을 시작해보겠다고 하셨습니다. 다시 말해 그 아이가 이미 알면서도 계속 빠트리는 몇몇 모음을 제자리에 쓸 수 있도록 그 아이에게 자기가 써놓은 단어들을 보고 고쳐 쓰게 하는 방법을 사용하셨던 것이지요. 선생님이 '묵음 e'에 관한 정보―자음 뒤에 올 때 그 자음 바로 앞의 모음은 '장음 A, E, I, O, U'로 바뀐다는 것―를 그 아이에게 말해준 뒤 그 아이가 이 규칙이 적용되는 것을 발견할 때마다 신이 나서 마치 선생님이 모르기라도 한 듯 선생님께 말해주면 그때마다 선생님은 자리에서 뛰어오를 정도로 놀라셨다고 하셨지요.

8주 전만 해도 선생님은 그 아이를 전문가에게 의뢰할 생각을 하셨습니다. 아마 그랬다면 '발달지체'나 '지적장애'나 그보다 더 심한 결과가 나왔을지도 모릅니다. 이런 꼬리표는 1년만 따라다니는 것이 아니라 그 아이가 공립학교를 다니는 내내 낙인으로 남아 자기 충족적 예언으로 작용했을 것입니다.

그동안 가로막았던 장애물이 부서져 호기심과 지적 활력의 시냇물이 조금씩 흐르기 시작한 것을, 다시 말해 반항적이었던 아이들이 처음으로 몇 걸음 뗀 것을 과장하게 될지 모르기 때문에 저는 작은 진전의 시작에서 너무 큰 의미를 끌어내지 않으려고 비상한 노력을 기울이고 있습니다. 그런데도 그 아이와 선생님의 경험에서(이런 관계는 늘 저에게 교사와 아주 감수성 예민한 아이의 복잡하고 신비로운 이중주를 떠오르게 합니다) 한 가지 놓쳐서는 안 될 교훈이 있다면, 그것은 처음에 우리에게 적대적이거나 뚱해서 말을 잘 하지 않거나 주위의 어떤 일에도 무관심한 아이에게 배우려는 의지가 없다고 생각하는 실수를 범해서는 안 된다는 것입니다. 어른들에게 자신은 중요한 존재가 아니며 교사를 믿으면 배신감과 실망감만 맛보게 되리라는 뿌리 깊은 불신을 걷어내기 위해 우리가 시간을 투자하고 독창성을 발휘한다면 우리 역시 많은 흥미로운 것들을 배울 수 있을 것입니다.

프란체스카 선생님, 학생에게 '꼬리표'를 붙이는 것에 관해 제가 드린 말씀이, 심각한 정신 장애나 언어 병리를 갖고 있는 아이나, 들은 단어를 처리하는 과정에 어려움을 겪는 아이에게 언어 전문가나 학교 심리학자가 그다지 큰 도움이 될 수 없다는 뜻은 아닙니다. 치료가 필요한 경우에는 치료가 병행되어야 합니다. 그리고 제가 보스턴에서 교직을 시작할 때 제 옆 반에서 심한 손상을 입은 수많은 아이들을 가르치시고 저를 많이 도와주셨던 선생님처럼 특수 교육을 하시는 분들은 어느 지역 어느 학교에서든 귀중한 자산이 아닐 수 없습니다.

그래도 교사라면 모름지기 이 아이들을 범주화시키기 전에 능력이 닿는 데까지 묘안을 짜내고 할 수 있을 때까지 인내해야 한다고 생각합니다. 한 번 꼬리표가 붙으면 학년이 올라가더라도 거기서 벗어날 수 없기 때문입니다. "그것은 들어가기보다 빠져

나오기가 훨씬 어려운 덫이 될 거예요"라고 선생님도 말씀하셨죠. 도비의 경우 선생님이 옳은 결정을 하셨다는 것이 시간이 지나면서 확실해졌습니다.

마침내 도비가 더 길고 더 조리 있는 문장을 노트에 적기 시작했을 때, 그리고 감정의 배출구를 열고 그때껏 꼭꼭 감춰왔던 고뇌를 더 많이 드러낼 수 있게 되었을 때, 선생님은 그동안 그 아이가 얼마나 많은 심리적 격랑과 사회적 폭력을 겪었는지 알아내고 한 번 더 놀랐다고 저한테 말씀하셨습니다. 그동안 억눌렸던 고통이 글쓰기 능력의 향상에 대한 만족감으로 바뀌었다고 해서 그 아이가 앞으로 맞닥뜨리게 될 다른 슬픔과 위험에서 해방된 것은 아닙니다. 그 아이의 학업 향상이 남은 초등학교 4년 동안 지속된다 해도 그 아이가 보호가 덜한 중학교라는 새로운 세계로 옮겨갔을 때 처하게 될 위험은 늘 존재할 테니까요. 그러나 승리는 승리입니다. 그 아이가 집에서 몇 시간을 가야 닿을 수 있는 머나먼 매사추세츠 서부의 한 감옥에 있는(그 아이의 아버지는 아직도 수감 중이라고 하셨지요) 아버지를 방문했던 일요일 오후에 대한 감동적인 이야기를 선생님께 써 냈을 때 선생님은 그 글을 읽고 눈물을 흘렸다고 하셨습니다. 그리고 그 글을 선생님의 침실 벽에 붙여놓으셨다지요.

드디어 도비가 선생님에게 마음을 열고 선생님을 특별한 친구로 받아들인 것 같습니다. 선생님이 크리스마스 휴가 직전에 그 아이에게서 받았다며 저한테 보여주셨던 편지도 모르긴 몰라도 곧 그 옆에 붙게 되겠군요. "마멀레이드 선생님께"—그 아이가 선생님께 아침 식사로 어떤 음식을 즐겨 드시냐고 물었을 때 선생님은 토스트에 오렌지 마멀레이드와 버터를 발라서 먹는 걸 좋아한다고 대답한 적이 있다고 하셨죠. "저는 선생님이 멋찌다, 그리고 매력이 있따, 그리고 조타, 그리고 훌륭하다고 생각합니다. 사랑하는 제자 캡틴 블랙 올림." 저는 특히 마지막에 덧붙인 글귀가 마음에 들었습니다. "추신: 그리고 선생님은 저한테 수고해따고 해야 합니다. 왜냐면 저는 이 편지를 엄청 열씨미 썼으니까요."

선생님은 그 아이가 크리스마스 선물이라며 그 편지를 건넸다고 하셨어요. 그 아이는 "제가 드릴 수 있는 건 이것뿐이에요"라고 덧붙였다지요. 이보다 더 선생님을 기쁘게 할 선물이 또 어디 있겠어요. 제가 선생님이었어도 도비가 정말 자랑스러웠을 겁니다. 9월에 선생님의 학급에 걸어 들어왔을 때에는 그토록 선생님을 싫어하던 아이한테서 크리스마스 선물로 편지를 받게 되었으니 말예요.

선생님은 언젠가 선생님 반에 아이들이 스무 명뿐이고 도비처럼 말썽을 부리는 아이도 많지 않아서 다행이라고 말씀하셨습니다. 제가 아는 뉴욕의 어느 선생님은 작년에 도비 같은 남학생이 셋이나 있는 데다 아주 반항적인 태도의 여학생도 여럿 있는 반을 맡으셨답니다. 게다가 더 큰 아이들 —3학년이었을 거예요—
이었고 인원이 30명이나 되는 학급이었지요. 그래서 그 선생님
은 아이들 한 명 한 명에게 시간과 관심을 기울여야 한다는 것을
알면서도 그럴 수 없었다고 하소연하셨습니다. 그래서 밤이면 절
망감에 자주 눈물을 흘리곤 하셨답니다.

그래서 저는 학급의 규모(인원수)가 정말 중요하다고 생각합
니다. 한 반에 학생이 20명, 또는 얼마 전 제가 보스턴에서 그리
멀지 않은 초등학교에서 보았듯이 한 반에 16명만 있다면, 도비
처럼 태도가 반항적이고 억눌린 감정이 많은 아이에게 도심의 과
밀 학급에서보다 훨씬 더 많은 신경을 써줄 수 있을 것입니다.
나중에 도비의 성격에 나타난 사랑스런 유머와 도비가 종이에 옮
겨 적은 격렬한 감정이 과밀 학급 아이들의 경우에는 갇힌 채 드
러나지 못할 것입니다. 이 아이들은 수업을 방해하거나 말썽을
부리지 않을 때에도 앉아서 수심에 잠긴 모습이 마치 감옥에 갇
힌 것처럼 느끼는 듯 보입니다. 돌에 갇힌 영혼을 보는 것 같습
니다.

랭스턴 휴즈는 반항적인 태도 때문에 너무 빨리 도외시되고
결국 사회 집단에 의해 호된 벌을 받는 재능 있는 반항아에 관해
강렬하고 인상적인 글을 남겼습니다.

천재아는 누구에게도 사랑받지 못한다.

그 아이를 죽여라—그리하여 그 아이의 영혼을 자유롭게
해줘라!

교사 앞에서 불신과 적대적인 태도를 과시하며 학교 생활을
시작한 반항아들이 모두 '천재아'는 아닙니다. 그러나 우리가 시
간과 노력을 기울인다면, 그리고 로저스 씨의 충고대로 아이들의
말에 주의를 기울일 시간을 학교가 허락한다면, 아울러 아이들이
자신을 드러내 보일 수 있도록 아이들과 신뢰와 유대감을 쌓을
시간이 있다면 이 아이들의 대다수는 천재적인 재능을 보여줄 것
입니다.

도비가 선생님 같은 분을 담임선생님으로 만나게 된 건 축복
이었습니다. 그러나 초등학교라는 특수한 세계에서 축복은 한쪽
에만 일어나지 않고 양쪽 모두에게 일어납니다. 어젯밤 선생님이
제게 전화하셨을 때 저는 선생님의 고양된 목소리와 도비에 대한
자상한 마음으로 도비를 알게 된 것이 선생님에게도 축복이었음
을 알 수 있었습니다. 그 아이는 용기를 내어 자신의 마음을 선
생님께 열어 보였습니다. 선생님은 그것을 가능하게 했고요.

7 인종 분리된 학교 현실

친애하는 프란체스카 선생님께

지난 주 버몬트에서 열린 '인종 다양성(diversity)'에 관한 회의에서 선생님의 발표는 정말 훌륭했습니다. 저는 선생님이 말씀할 기회를 갖게 되어 기뻤습니다. 교육에 관한 그 수많은 회의에서 평교사들에게 자신의 신념을 피력할 기회를 주었던 적이 과연 몇 번이나 있었는지요.

저는 대부분의 공립학교에서 '인종 다양성'이라는 주제가 아이들에게 소개되는 방식이 너무 진부하고 지루한 관례가 되어버려서, '인종 다양성'이라는 말 자체가 현실을 솔직하게 설명하는 대신 현실을 조롱하는 상태로까지 전락하고 말았다는 선생님의 말에 전적으로 동의합니다.

선생님의 표현대로 '불쾌한 작은 비밀'은 인종 다양성에 관한 커리큘럼이 전반적으로 사용되는 대부분의 학교에서 인종 다양성은 거의 찾아볼 수 없다는 것입니다. 이 단어는 선생님의 말씀

대로 그것이 적용될 수 없는 상황을 은폐하기 위한 수단이 되어
버렸습니다.

선생님이 언급하셨듯이 교육 관련 잡지와 미디어에서 이 단어
가 사용되는 방식 역시 다르지 않습니다. 특히 종이 신문에서는
신문이 발행되는 도시에 상관없이 모두들 합의라도 한 것처럼
'인종 분리(racial segregation)'같이 분명하고 꾸밈없는 단어를 사
용하지 않습니다. 신문기자가 시민적 자존심에 상처를 줄 수 있
는 단어를 사용하지 않기 위해 의미론적 재주넘기를 터득한 경
우, 심지어 인종 분리된 학교를 서술할 때에도 이런 단어를 사용
하지 않습니다. 3천 명이나 되는 전체 학생 가운데 단 예닐곱 명
의 백인이나 아시아계 학생들이 등록되어 있어, 건물 안에서 마
주치는 학생 중 둘에 하나는 흑인이고 하나는 히스패닉일 정도로
대다수가 흑인과 히스패닉인 고등학교조차 기자의 전문 용어로
는 흔히 '다양하다(diverse)'고 표현됩니다.

학교 체제에서도 이런 완곡어법이 사용됩니다. 예컨대, 지난
가을 제가 캔자스시티의 한 학교에 방문했을 때 저는 '학교의 커
리큘럼은 다양한 배경을 지닌 학생들의 요구를 반영하고 있다'고
적힌 문서를 받았습니다. 그러나 학급을 돌아다녀보니 백인 또는
아시아계 학생—심지어 히스패닉 학생조차—은 단 한 명도 보
이지 않더군요. 그래서 교장선생님께 전체 학생의 인종 분포 현
황을 알려달라고 부탁하여 알아낸 결과 그 학교 학생의 99.6퍼센

트가 흑인이었습니다.

뉴욕의 어느 지역 교육청에서 발행한 이와 비슷한 문서에서도 학생의 '인종적 배경'이 '다양하다'고 표현되었더군요. 그러나 저는 그 지역 교육청이 주에 제출한 인종별 학생 수를 보고 흑인 과 히스패닉 학생 2천8백 명, 아시아계 학생 1명, 백인 학생 3명 이 있다는 것을 알게 되었습니다. 교육청마저 정확한 용어를 사 용할 수 없다면 읽는 이로 하여금 오해를 불러일으키는 용어를 사용하는 사례가 교수 자료(instructional material)에까지 침투하 는 것도 놀랄 일이 아니겠지요.

이런 양상은, 선생님도 지적하셨듯이, 이른바 '인권'에 관한 커리큘럼에까지 확산되어 현재의 현실에 대한 비판적 분석이라 는 어려운 과제를 해내지 못하는 것은 물론 이 과제를 실행하도 록 촉발하는 기능은 더더욱 하지 못합니다. 대신에 학교 관리진 이 용기가 없어 거론하지 못하는 모순적 상황에 자기 도취적인 해법을 제공하는 일종의 '최면적 조정자'의 역할을 하지요.

철저히 인종 분리된(segregated) 수많은 공립학교들은 과거의 투쟁에 관한 수업을 아이들에게 제공함으로써 인권의 역사에 경 의를 표합니다. 현재의 세대 앞에 놓인 비슷한 종류의 투쟁에 대 해서는 언급을 회피하면서 말이죠. 전형적으로 이런 수업은 1950년대와 1960년대 초 남부 어린이들의 영웅적 행위에 관한 이야기―전에는 모두 백인뿐이고 이따금 연방 보안관이나 경찰의 감시를 받는 학교로 용감히 걸어 들어가 백인 어른들과 백인 학생들의 조롱과 야유에 저항하고 자신의 마음속 불안을 극복하여 마침내 우리 학생들에게 불후의 승리로 소개되는 일을 성취해 낸 아이들의 이야기—에 의존합니다. 이런 수업은 아이들의 사기를 높일 수 있을지는 모르겠지만 우리 아이들에게 이들이 찬양하는 승리의 대부분이 그때 이후 흑인 어린이를 분리하기 위한 좀 더 공손하지만 무자비한 계획에 의해 유야무야되고 만 현실의 상황에 대해서는 조금도 알려주지 못합니다.

거짓 인상을 바로잡지 않은 채 아이들로 하여금 인종 분리가 그들이 현재 받는 교육과 경험하는 삶의 현(現) 모습이 아니라 이제는 책임을 벗은 먼 역사의 수치스런 일에 불과하다는 생각을 받아들이게 한다면 아이들에게 허위를 가르치는 느낌이 들 거라던 선생님의 말씀은 아주 솔직하셨다고 생각해요.

"우리는 한 반에 백인 학생이 한 명도 없고 학교 전체를 통틀어도 백인 학생 세 명뿐인 공립학교에 있습니다. 우리에게 공립학교에서의 사회 정의라는 유산을 남겨준 루비 브리지, 린다 브라운을 비롯한 모든 남부의 용감한 흑인 학생들에게 경의를 표합니다. 그러나 이 소중한 유산은 현재 우리가 가르치는 모든 아이들이 태어난 후 몇십 년 동안 의도적으로 그리고 철저히 찢기고 부서지고 파기되어버리고 말았습니다!"

'인종 다양성 교육(diversity instruction)' 분야에서 경력을 쌓아온, 영향력 있는 교육자들이 청중으로 앉아 있는 자리에서 이런 말씀을 하실 수 있는 선생님의 용기에 경의를 표합니다. 선생님의 말씀을 듣고 그 사람들이 몹시 불편했기를 바랍니다.

과거의 영웅을 기리는 방식은 수업 지도안에 그들의 용기를 보존하여 멀리서 존경하는 것이 아니라 우리 학생들에게 그들이 다니는 학교와 그들이 현재 살고 있는 동네에 관해 분명히 볼 수 있고 터놓고 말할 수 있는 힘을 길러주는 것이어야 한다는 말씀 역시 문제의 핵심을 정확히 지적한 것이라 생각합니다. 그렇게 하지 않는다면 학생들은 매일 학교에서 보게 되는 명백한 현실을 어쩐지 믿을 수 없다고, 자신들이 잘못 인식하고 있는 게 틀림없다고 생각하게 될 것입니다. 그게 아니라면 50년 전에 자신들과 같은 나이, 같은 인종의 어린이들이 맞닥뜨렸던 상황과 비슷하지 않은, 그리고 불명예스럽지 않은 다른 명칭을 붙여야 하는 어떤 것임에 틀림없다고 믿게 될 것입니다.

현재 인종 통합 공립학교(integrated public schools)에 다니는 흑인 어린이의 백분율은 1968년 킹 목사의 죽음 이후 최저 수준으로 떨어졌습니다. 뉴욕과 캘리포니아의 경우 흑인 학생 여덟 명 가운데 일곱 명은 차별된 학교에 다니는 실정입니다. 선생님의 학교에는 선생님이 지적하셨듯이 제가 방문하는 거의 모든 도심 학교에서와 마찬가지로 전체 등록된 학생 가운데 백인 학생이 차지하는 비율이 1~2퍼센트에 불과합니다.

파인애플이 다니던 초등학교인 P.S. 65의 어느 학급에서, 저는 (그 학교에서 백인 아이를 본 적이 없었기 때문에) 두 번째 줄에 앉아 있는 백인 소년을 보고 깜짝 놀랐습니다. 저는 그 학급의 선생님께 그 학교에 계시는 동안 얼마나 많은 백인 아이들을 가르쳐보셨냐고 여쭸습니다. 그 선생님은 이렇게 대답하시더군요. "18년 동안 이 학교에 있었는데, 이 아이가 제가 맡은 첫 번째 백인 학생이랍니다!" 하고 그 선생님이 대답하셨죠. 알고 봤더니 그 아이는 독일에서 이민을 오는 바람에 잘못 배정된 아이였습니다. 다시 그 학교에 갔을 때 그 아이는 이미 떠나고 없더군요. 그 학교에서 전교생이 8백 명 가운데 유일한 백인 학생을 또 본 적이 있었는데, 공교롭게도 이 학생 역시 이민 온 아이였습니다. 친절하고 사려 깊은 러시아인 소년이었는데, 그 아이도 곧 그 학교를 떠났지요.

P.S. 65를 포함하는 초등학교 지구에서 1만1천 명의 전체 학생 가운데 단 26명만이 백인이었습니다. 제가 길게 나눗셈을 해보았더니 인종 분리 비율이 99.8퍼센트가 나오더군요 ─여기에 굳이 향상이라는 말을 붙이려 한다면 1세기 전 남부의 분리 비율보다 0.2퍼센트 향상되었다고 말할 수도 있겠네요.

중소 도시에서조차 흑인과 히스패닉 거주 지역의 학교에서는 이 같은 상황이 벌어지고 있습니다. 이 학교의 학생들을 사진으로 찍는다면, 과거 1925년이나 1930년에 미시시피에서 전원이 흑인인 학교의 학생들을 찍은 사진―그때 이후 이 나라가 이룩한 도덕적 진보를 아이들에게 확인시켜줄 목적으로 현재 교과서에 수록한 바로 그 사진―과 구별할 수 없을 정도입니다. 선생님이 버몬트에서 소리 높여 말씀하셨듯이 사실과는 다른, 이런 사회적 통념에 맞서지 않고 '인종 다양성'에 관한 수업에서 실상을 아이들에게 알려주지 않는다면 교사들은 "아이들을 기만하는 일에 참여하는 것이나 다름없습니다."

선생님도 지적하셨듯이 도심의 저소득층 거주 지역에 위치한 이런 학교들 대부분은 브라운 대 교육위원회 재판〔린다 브라운이라는 초등학교 3학년 학생이 가까운 백인 학교로 전학하려 했으나 흑인이라는 이유로 거부되자 교육위원회를 상대로 소송을 제기하여 1954년 공립학교의 인종 분리는 위헌이라는 판결을 얻어냈다. 공공 시설에서의 인종 분리가 공공연히 시행되던 당시의 상황에서는, 다시 말해 흑인은 흑인 학교에만 백인은 백인 학교에만 다닐 수 있었던 당시의 상황에서는 획기적인 판결이었음〕의 판결을 그저 웃음거리로 만드는 데 그치지 않고, 공립학교에서 인종 분리가 이루어질 수밖에 없다면 "적어도 평등해야 한다"고 이미 1896년에 규정한 플레시 대 퍼거슨〔1865년 노예제가 폐지되긴 하였으나 인종 평등의 개념이 부재하던 당시 미국의 상황에서는 획기적 판결이었음〕 재판의 판결조차 이행하지 못하는 것입니다. 1학년을 담당하는 초임 교사가 역사 과목의 커리큘럼을 설계하는 사람들에게 이처럼 자명한 사실을 세세히 설명하고 해결책을 제시해야 한다는 것은 주 정부의 학교 관련 부서들이 일을 제대로 수행하지 못한 증거입니다.

사실 교사가 여섯 살밖에 안 된 아이들과 이런 문제를 탐구하는 깊이에는 한계가 있을 수밖에 없습니다. 그러나 아직 1학년인 아이들의 연약한 감수성을 충분히 고려하여 현명하고 신중하게 접근하면서도 이런 수업 계획안의 문제점을 정치적·지적인 면에서 지적하는 것이 우리 교사들이 해야 할 일이라던 선생님의 말씀은 옳습니다. 그러지 않는다면 그 수업은 현재 인종 분리된 교실에 앉아 있는 아이들에게 눈앞에 보이는 것을 믿지 말라고 권고하는 것이 되어 이들에게 기묘하게 파괴적인 거짓말을 감수하며 살아가라고 가르치는 결과를 낳게 될 것입니다.

뉴욕 시의 마틴 루터 킹 고등학교―맨해튼의 유복한 백인 거주 지역 한가운데에 자리 잡은 유서 깊은 학교로 학생의 96퍼센트가 흑인과 히스패닉인 전형적인 인종 분리 학교―에서 제가 학생들에게 자신들이 '인종 분리(segregated)' 학교에 다닌다고 생각하느냐 묻자 그 학생들의 얼굴이 눈에 띄게 일그러졌습니다. 초등학교 때 교사가 주입하는 수업 내용을 철저히 받아들였던 게 분명해 보였지요. 정말이지 이 말을 꺼냈다는 것만으로도 9학년 학급의 그 아이들 대부분을 놀라게 한 듯했습니다. 마치 전에는 단 한 명의 선생님한테서도 이런 생각을 해보도록 지도받았던 적이 없었던 것 같았지요.

"저는 우리 학교가 인종 분리된 학교라고 생각하지 않아요."

한 학생이 말했습니다. "백인 학생들도 우리 학교에 들어올 수 있기 때문이죠. 적어도 그들이 원하기만 하면……."

"그런데 왜 그 애들은 이 학교에 오지 않는 걸까?"

제가 그 학교의 바로 옆 동네에 수많은 백인 아이들이 거주하는 사실을 상기시키며 물었습니다.

"이 학교는 마틴 루터 킹 목사의 이름을 따서 지은 학교예요." 또 다른 학생이 말했습니다. "어떻게 이 학교를 인종 분리된 학교라고 말할 수 있는지 모르겠어요. 킹 목사님은 모든 인종은 평등하다고 믿으셨어요."

몇몇 학생들이 먼저 말한 학생들에게 이의를 제기하며 열띤 논쟁을 벌였습니다.

"이봐!"

머리를 삭발한 키 큰 흑인 학생이 자기는 인종 통합 초등학교(integrated elementary school)에 잠시 다닌 적이 있다면서 말했습니다. "주위를 둘러봐. 바로 여기를 보라고." 그 학생은 주위에 앉아 있는 학생들을 손짓하면서 말했습니다.

"이걸 보고도 모르겠어? 바로 이 상황이 증명해주잖아!"

그 학생은 군복 상의를 입었고 눈빛에서 예리한 기운이 느껴졌습니다.

"이 학교는 인종 분리 학교야. 이렇게 명백한 사실을 놓고 왈가왈부할 필요는 없다고 봐."

그 학생의 옆에 앉은 소년이 그의 손바닥을 쳤습니다.

"고마워!"

앞줄에 앉은 키 큰 히스패닉 여학생이 고개를 끄덕이며 말했습니다.

그러나 다른 학생들 중 일부는 기분이 상한 것 같았습니다. 게다가 혹시 제가 그 학생의 좀 날카로운 대답에 모욕감을 느끼지는 않았을지 걱정하는 듯했습니다. 그리고 저는 학생들 대다수가 그 학생이 말한 것을 사실로 인정하는 것은 학교에 대한 모독이라고 생각하는 듯한 분명한 인상을 받았습니다.

그때 그 교실에 있던 나이 든 선생님들 가운데 한 분이 갑자기 논쟁에 끼어들어 학생들에게 킹 목사에 관해 아는 것을 말해보라고 했습니다. 몇몇 대답을 제외하고는 모두가 아주 모호한 대답이었습니다. "더불어 사는 법을 배워야 한다고 하셨어요", "서로의 다른 점을 존중해야 한다고 하셨어요", "평화의 사도이셨어요" 등과 같이 킹 목사에 관한 책을 읽은 적도 그분의 신념에 대해 진지한 설명을 들은 적도 없음을 드러내는 막연하고도 진부한 말들뿐이었습니다.

나중에 수업이 끝나고 복도로 나갔을 때 그 선생님은 이 학생들은 9학년이 되도록 미국의 근대사에 대해 배운 게 없다며 실망감을 토로하더군요.

"내가 마틴 루터 킹 목사에게서 이름을 물려받은 학교의 학생이라면 교실에서 그분의 신념에 당의를 입히는 일 따위는 하지 않을 거예요. 이 학교는 그분이 생전에 도덕적으로 올바르지 않다고 주장한 바로 그런 종류의 교육 기관입니다. 이 학교 학생들은 이런 사실을 알 권리가 있습니다."

뉴욕 시의 백인 친구들 중 일부는 제가 이 선생님의 열띤 주장이나 군복 재킷을 입은 학생의 솔직한 비난을 들어가며 맞서기라도 하면 저더러 무례하다고 합니다. 이 친구들 중 여럿은 진보주의자들, 아니 더 정확히 말하면 전(前) 진보주의자들입니다. 1960년대에 남부에서 시위와 데모에 참여했지만 지금은 자기 아이들이 다니는 학교에서 인종 통합을 추구하는 일에 반대하니까요. 인종 통합의 실현 가능성이나 심지어 그것의 도덕적 가치조차 부인하면서 말이죠.

이 친구들은 '인종 분리'가 자신들이 살고 있는 도시의 대다수 학생들이 처한 교육 현실을 정확하게 표현한 것이라 인정하는 대신 이 말이 내포한 의미에 신경을 곤두세우며 자신들이 젊었을 때 민권이라는 대의를 위해 싸웠던 일들을 떠올리는 것으로 도덕적인 가책에서 벗어나려 합니다.

"이봐, 나는 워싱턴 행진이 있을 때 킹 목사님과 함께 있었다구."

이 같은 대답을 흔히 듣게 되지요. 남부에서 항의 행진을 했던 이야기가 자주 등장합니다. 몇몇 친구들은 1965년에 일어났던 앨라배마 주 셀마의 전설적인 다리를 가로질러 행진했던 일을 자랑스럽게 떠올립니다. 저는 이 친구들이 자신의 생에서 이상주의자였던 시절에 대해 느끼는 진정한 자긍심과 과거에 대한 향수에 감동을 받을 때가 많습니다. 그런데도 이들이 이런 옛 기억을 이용하여, 자신들이 자발적으로 또는 마지못해 관여하는, 더욱 정교해진 인종 격리 시스템을 쉽게 눈감아주고 있다는 것이 저는 못마땅합니다.

마치 잠시 열었다가 자물쇠를 채워놓는 벽장 안 선반에 놓아둔 '소중하지만 오래되고 낡은 천 조각'처럼 과거를 이용하는 세태에 대해 말씀하실 때 선생님이 분통을 터뜨리셨던 것처럼 수많은 흑인 교육자들도 과거를 이용하여 현실의 문제에 눈감아버리려는 세태에 분노합니다. 제가 《놀라운 은총(Amazing Grace)》을 집필할 때 뉴욕의 어느 아프리카계 미국인 선생님은 이제 앨라배마 주 셀마의 다리에 관해서는 더는 참고 들어줄 수 없으며, 아이들에게 '그 유명한 행진 커리큘럼'(그분의 표현입니다)을 가르치라고 지시하는 수업 지도안을 거부해야 하는 시점에 이르렀다고 토로하시더군요. 그분은 그런 수업을 하는 대신 현재 진행되는 인종 차별 교육 시스템에 관해 자신이 찾을 수 있는 모든 자료를 교실 벽에 붙여놓는다고 하셨습니다. 언제 이분을 선생님께 소개하고 싶군요.

그분은 언젠가 제게 이렇게 말씀하셨죠.

"선생님도 아시다시피, 제가 가르치는 가난한 흑인 아이들에 게…… 30년 전에 우리가 어디 서 있었는지는 그다지 중요하지 않습니다. 그 아이들이 알고 싶어 하는 건 현재 우리가 어느 다 리 위에 서 있는가 하는 것이지요."

그분은 몇 학년인지는 정확히 기억나지 않지만 선생님이 가르 치는 아이들보다 더 나이가 많은 아이들을 가르치고 계셨습니다. 저는 선생님이 버몬트에서 발표할 내용을 타자기로 정리한 원고 를 읽을 때 그분이 하신 말씀을 생각했습니다. 선생님이 느끼셨 을 모든 분노가 갑자기 폭발하는 듯했습니다. 그 순간 선생님은 단지 날마다 반 아이들을 위해 최선을 다해 열정을 바치는 교사 로서뿐 아니라 목격자로서 말하고 계셨습니다. 선생님의 신념이 얼마나 강한지 알지 못했다면 선생님께 이 말을 할 수 있었을지 모르겠습니다. 그러나 저는 모든 교사는 아이들이 겪는 불평등과 부당함을 목격한 자로서 소리 내어 말할 권리를 느껴야 하고 그 럴 용기를 내야 한다고 생각합니다. 우리가 이 금지된 문제를 소 리 내어 말하지 않는다면 누가 하겠습니까?

그러나 저는 선생님이 분노를 표출하는 와중에도 초등학교 교 사의 평범한 일상에서 벌어진 재미난 소소한 일들뿐 아니라 수많 은 행복의 시간들을 잊어버리지 않은 것 같아 흐뭇했습니다. 선 생님이 여섯 살짜리 아이들은 이들이 일으키는 수많은 "사고" 때 문에 "흘리는 작은 사람"이라고 말할 때 청중의 반응이 어떨지 상상해보았습니다. 교육 회의의 프리젠테이션에서 교실 문과 화장실 사이의 거리가 중요하다는 것을 언급하는 경우가 얼마나 될까요. (나중에 선생님은 이 문제에 관해 저한테 이렇게 말씀하셨지요. "1학년 학생들은 시시때때로 뭔가를 흘립니다!" 다른 아이와 피 터지게 싸워서 아플 때에는 "눈물을 흘리고요", 감기에 걸렸을 때에는 "콧물을 흘립니다." 그리고 "더 자주 흘리는 곳이 또 있죠.")

제가 선생님과의 대화와 편지를 몹시 참신하게 여기는 이유 가운데 하나는 선생님이 아이들과 교실에서 지내는 동안 일어나는 소소한 일상과 나날의 사건을, 심지어 귀찮고 성가신 사고조차 무척 즐기고 계시기 때문인 듯합니다. 다른 사람 같았으면 낙담하여 의기소침했을 학교 체제의 정책에 대해 말씀하실 때조차 선생님의 목소리에서는 선생님이 해결해야 하는 모순된 상황을 즐겁게 풍자하는 해학과, 어떤 일이 있어도 굴복하지 않고 계속해서 활기찬 싸움터로 되돌아가는 사람의 에너지가 느껴집니다.

괜찮으실지 모르겠습니다만, 일전에 선생님이 맨 처음 학생들 통지표를 쓸 때 저한테 들려주셨던 일화를 뉴욕의 몇몇 선생님들에게 말씀드렸습니다. 통지표에는 체크 표시를 해야 하는 항목에 '이 학생은 인종 다양성을 존중합니다'라는 게 있었다고 하셨죠. 선생님들은 선생님이 이 문제를 어떻게 해결하셨는지 궁금해하며 귀를 기울이셨습니다.

아이들이 다른 인종 아이들을 알 기회도 없는 상황에서 아이들이 다른 인종 아이들을 존중한다고 한다면 그것은 거짓말을 하는 것이나 다름없으므로 선생님은 처음에는 '적용 불가능함'이라고 써넣을 생각을 하셨다고 말씀하셨어요. 그러고 나서 선생님은 섬세한 아이들이니까 보스턴의 학교들이 여러 인종의 아이들이 함께 학교에 다니도록 허락하여 "다른 인종 아이들을 만날 기회를 주는 게 좋은 생각임을 알게 된다면 아이들은 다른 인종 아이들을 존중할 것으로 확신한다"라고 쓸까 하는 생각을 하셨다고 하셨지요. 결국 선생님은 두 가지 생각 가운데 어느 쪽의 유혹에도 굴복하지 않았습니다. 선생님이 이런 글귀를 통지표에 썼다는 소문이 교육청 학교 담당 부서 누군가의 귀에 들어가면 교육청이 술렁일 테고 선생님이 근무하시는 학교 교장선생님에게 문제를 일으키게 되리라는 것을 선생님은 잘 아셨기 때문이지요. 교사는 싸워야 할 가치가 있는 투쟁을 가려낼 줄 알아야 합니다. 이 경우는 분명 싸울 가치가 없는 것이었죠.

게다가, '인종 다양성'이라는 단어의 오용과 인권에 관한 김빠진 토론 목록에 대해 선생님이 분노한다는 사실은 학생들에게 여러 미묘한 방식으로 전해질 것입니다. 학급 아이들에게 이야기의 한 구절을 읽어줄 때 일순간 스치는 교사의 눈빛과 목소리의 억양도 아이들에게 영향을 미칩니다. 거의 모든 수업의 은밀한 커리큘럼은 수업 계획안이나 특정한 책에 적힌 내용이 아니라 교사의 눈빛이나 여러 다른 방식으로 전달되는 의심 또는 묵종 같은 교사의 생각이나 태도입니다. 다시 말해 간접적인 방식으로 주어진 사실에 대한 교사의 비판적 지성이나 유보적 태도, 또는 이런 태도나 능력의 부재가 드러나는 것이지요.

공식 규정집에 뭐라고 적혔든 교육은 결코 완전히 중립적일 수 없습니다. 우리는 아이들에게 자신이 진실이라고 생각하는 것에 대해 말하거나 글로 써도 좋다고 가르칩니다. 아니면 자신의 신념을 입 밖에 내지 말고, 심지어 신념조차 갖지 말고, 다른 누군가가 신중히 만든 공식적 진실을 받아들이는 게 더 현명한 일이라고 가르칩니다. 제가 뉴욕의 마틴 루터 킹 학교에서 이야기를 나눴던 여러 아이들은 후자의 수업을 너무 잘, 그리고 9학년이 될 때까지 너무 오래 받아왔습니다. 그 결과 그들의 의식은 억압되어 묻혀버렸고, 자신의 현실을 스스로 생각하고 자신의 언어로 말할 수 있는 능력을 키우지 못했습니다.

우리는 아이들로 하여금 가능한 한 이른 나이에 이 침묵의 바위를 깨뜨릴 의지를 찾을 수 있도록 해야 합니다. 청중 앞에서 이런 말을 해준 선생님의 용기에 갈채를 보냅니다!

8 전문 용어의 남용

친애하는 프란체스카 선생님

선생님이 근무하시는 학교에 교사 연수를 하러 왔다는 그 여성분(선생님이 "메타 레이디"라는 별명을 붙여주었다는)에 관한 이야기가 흥미로웠습니다. 그녀는 여러 초등학교를 돌며 교사 연수를 하도록 시 교육청에서 고용한 사람으로 짐작됩니다.

'교사의 발표' 시간이 되자 선생님은 샤니쿠아가 제 할머니에 관해 쓴 작문을 보고 같은 조 아이들이 자신의 할머니에게 일어났던 재미난 일들을 연상했던 이야기를 그녀에게 들려주었다고 하셨지요. 그때 그 여성분은 선생님의 말을 가로막으며 선생님한테 '예리한 직관'이 있었다고 말했다지요. 그녀는 선생님이 자기도 모르는 사이에 '메타 개념(meta-concept)'에 도달한 것이라고 하며 그 아이들의 행동은 '텍스트와 자기경험 연관 짓기(text-to-self connection)'라 표현했습니다.

그 여성분의 말을 선생님이 '잠꼬대 같은 소리(gibberish)'라

하시는 것을 저는 충분히 이해합니다. 그녀는 아이들의 일반적인 반사행동 ─ 한 아이가 이야기를 쓰면 다른 아이들이 그 이야기를 토대로 자신의 경험을 연상하는 것 ─ 에 거창한 용어를 갖다 붙여 인지 이론의 한 부분에 끼워 맞추려 했던 것입니다. 그녀가 이것을 선생님의 설명보다 더 정교하고 복잡한 것으로 생각했던 듯합니다.

선생님은 "정말 짜증이 치밀었어요"라고 하셨지요. 캡틴 블랙 녀석이 마멀레이드 여인이라고 부르는 사람의 입에서 나옴직한 우아한 말이 아니었습니다. 그러나 제가 선생님이었어도 짜증이 났을 것입니다. 그녀는 선생님이 알아낸 것의 위대함을 선생님 자신이 깨닫지 못한다고 우겼던 것이지요.

그 후에도 그녀는 '인지'나 '전략' 등의 수많은 다른 단어들에 이 접두사(메타)를 붙여가며 선생님과 다른 교사들에게 한 시간이 넘도록 설명을 했는데, 그것은 그녀가 읽기 교육에 관한 '최신 연구'라 부르는 것에 속한다고 했다지요. 선생님들은 서로 눈짓을 교환했고 그중 한 분(5학년을 담당하고 계신 선생님의 친구)은 그녀가 안 보는 틈을 타서 슬며시 교실을 빠져나가 돌아오지 않았다지요.

갑자기 유행하게 된 이 용어들은 놀라울 정도로 빠르게 교육 관련 워크숍에 전파되고 있습니다. (이렇게 느끼게 된 데에는 어떤 용어를 일단 한번 들으면 다른 곳에서 다시 사용할 때 쉽게 알아들을 수 있기 때문이기도 하겠지요.) 선생님한테서 이 말을 들은 지 단 2주 후에 저는 새크라멘토에서 같은 용어가 튀어나오는 것을 들었습니다. 캘리포니아 주의 교육 과정 연구원들과 점심을 들며 이야기를 나누던 중이었지요. 제가 교실의 대화에 관해 물었을 때 제 맞은편에 앉은, 풍채가 당당한 여성이 이렇게 대답하더군요.

"상호작용이 일어나는 메타 순간에 관해 이야기해보도록 합시다."

다른 사람들도 이 말에 저만큼이나 당황한 듯 보였습니다. 그들은 자신들이 처한 중요한 다른 문제로 화제를 바꿔보려 했으나 그녀는 고집스럽게 '메타 순간'의 가치에 대해 이야기를 늘어놓았습니다. 결국 사람들은 그녀의 말을 막지 못했지요.

단순한 개념에 근사하게 들리는 접두사나 불필요한 음절을 추가하여 만드는 이런 종류의 전문 용어들은 요즘 공교육 토론의 장에서 마치 신종 전염병처럼 번져나가 수많은 교육자들로 하여금 그들이 토론에서 무슨 이야기라도 하려면 이런 용어를 모방해야 한다고 생각하게 만듭니다.

이런 유행에서 가장 거슬리는 것은, 선생님도 지적하셨듯이, 명료하고 쉬운 단어가 있는데도 같은 뜻의 다음절 단어를 사용하는 기이한 경향입니다. '하다(do)' 대신에 '수행하다(imple-ment)'를, '시작하다(start)' 대신에 '착수하다(initiate)'를, '쓰다(use)' 대신에 '활용하다(utilize)'를, '알아내다(name)' 대신에

'규명하다(identify)'를, '말하다(state)' 대신에 '표명하다 (articulate)'를 '따라하다(copy)' 대신에 '모방하다(replicate)'를 '계획하다(plan)' 대신에 '전략을 짜다(strategize)'를, '돕다 (help)' 대신에 '용이하게 하다(facilitate)'를, '바꾸다(change)' 대신에 '개혁하다(restructure)'나 '개조하다(reconstitute)'를 쓰는 것이지요. 그리고 '좋은'이나 '실제' 같은 간단한 단어 대신에 '긍정적인'이나 '의미 있는' 같은 형용사를 '결과'나 '협력' 같은 명사 앞에 붙이는 것 역시 현학의 풍선에 바람을 넣어 부풀리는 또 하나의 흔한 방식입니다.

심지어 '적성(competence)'처럼 오랜 세월 사용되어온 좋은 단어에조차 정말 불필요한 음절을 덧붙이곤 하죠. 'y'를 덧붙인 'competency'는 사람들이 흔히 듣는 용어(적성에 근거한 교수 기술)이고 복수형인 'competencies'도 자주 사용되지만 교사들을 교육청에서 정기적으로 양산하는 자잘한 기능(mini-skill) 목록에 얽매이게 하기 때문에 선생님은 싫어하실 게 분명한 또 하나의 단어일 겁니다. 그러나 교육 저술가들은 이런 용어들의 유혹을 뿌리치지 못합니다. 그래서 다른 사람들도 줄줄이 이런 용어들을 사용하게 되는 것이지요. 우리가 흔히 듣는 말에 "성공적인 교장은 최선의 교육 관행을 모방하고, 교육의 목적을 확실히 파악하고 있으며, 협조적인 교육 과정에 착수하고, 명확한 교육 목표를 언명하고, 학생의 수행 능력에 영향을 미치는 결과를 평가한다"가 있습니다.

일단 이런 용어와 구절이 널리 퍼지면 학교 관리자들과 정치인들은 마치 이런 단어나 구 자체에 의미가 있어 검토하지 않고 말해도 된다고 믿는 듯 생각 없이 남용합니다. 간단한 단어가 뜻하는 것 이상을 나타내지 못하는 길고 어려운 단어들은 간혹 간접적인 진술을 생생한 생각으로 들리게끔 하는 부가가치를 지닙니다.

예를 들어 조지 H. 부시 정부의 교육부 장관인 라우로 카바조스는 간단한 말로 생각을 전달하는 것을 많이 어려워했습니다. 언젠가는 청중에게 "저는 학생들의 교육 결손을 계량화할 수 있습니다. 이것이 바로 이 나라의 초등 및 중등 교육을 개혁해야 하는 이유입니다"라고 말했습니다. 교육부 장관은 어떤 의미로 '개혁'이라는 단어를 사용했을까요? 그는 "교육 개혁이란 교육 과정을 개선시킬 전략을 개발하고 시행하는 것"이라고 설명했습니다. 흔하디 흔하고 하잘것없는 생각을 표현하는 데 꽤히 난해한 단어를 사용하는 것이 민망했는지 결국 그는 이렇게 말했습니다. "저는 더 나은 교육이 되도록 커리큘럼을 개혁하고 싶습니다."

"학교 개혁이란 무엇인가?"

1993년에 켄터키 주 교육부가 의문을 제기했습니다.

그리고 이런 대답을 내놓았지요.

"학교 개혁은 비전과 목표와 기획에서 시작하여 체계적인 동시에 협조적으로 이루어져야 하며 개개인의 도전이 요구되는 과정이다. 그리고 이 과정의 결과 새로운 문제가 생길 수 있으며 서서히 발전하는 형태를 띠므로 비선형(非線型)적이다."

저는 왜 교육받은 사람들이 '개혁'에 대한 자신의 생각을 투명하고 명료한 언어—훌륭한 교육자들이 아이들에게 심어주기를 바라는 자질—로 풀어내지 못하는지 의아했습니다.

가장 권위 있는 전국 규모의 교육 협회 가운데 하나(제 친구들이 거기서 일하고 있어 이름을 밝힐 수 없군요) 또한 이 용어를 정의하려고 애썼지요.

"학교 개혁은 학생들을 분류하고 학교 단위의 관리와 책임과 다양한 전략을 통해 학생들의 진척 상황을 평가하는 새로운 방식이다……."

그런 다음 "개혁"의 세 단계를 제안했습니다. 첫 번째 단계는 "신뢰감을 다시 구축하는 것"이고 두 번째는 "모든 학생들이 성공을 경험할 수 있도록 하는 것……"인데 이를 위해 학교는 "각 학생의 진척 상황에 따라 능력별 과정에 배치해야 한다"고 했지요. 세 번째 단계는 아이들로 하여금 "학교에서 열심히 공부하는 것은 미래의 목표와 연관이 있다는 것을 알게 하는 것"이었어요. 그 협회의 발표에 따르면 성공적으로 개혁된 학교는 "긍정적인 결과로 이어지는 전략을 알아내고 그 다음 단계에서 학생들이 자신의 목표에 전념할 수 있도록 돕는 데 초점을 맞춘다……"

명료성이나 독창성, 아름다움이나 우아함이 없는 이런 종류의
문서들은 권위적인 불명확성으로 가득한 황무지 같습니다. 절거
덕거리는 기계음을 내는 동사의 남용과 걸핏하면 별개의 개념을
하이픈으로 연결한 구에 의존하는 경향('수행 능력에 근거한
(performance-based) 교육 과정에 연계하여 결과 중심의(outcome-
based) 교수법 실행'), 우회적인 논증, 이전에 이런 문서에서 몇천
번 사용되었던 진부한 단어들의 나열 등은 마치 오랫동안 우울증
을 앓아온 사람의 혼잣말처럼 느껴집니다.

언젠가 선생님은 청소년기에 처음 폴 굿맨〔Paul Goodman,
1911~1972. 미국의 사회학자, 시인〕의 책을 접하고 얼마나 많은 감명을
받았는지 제게 말씀해주셨지요. 불만에 찬 청소년기―굿맨은 이
를 "생기발랄한 어린 시절에 종지부를 찍었다"고 표현했습니다
―의 모호한 불행감과 나른함에 대해 이야기할 때 굿맨은 그 멍
한 상태를 "일요일 오후의 신경증"이라는 용어를 써서 표현했습
니다. 그리고 그는 이런 경험을 하는 사람들을 "마음이 다른 곳
에 가 있으나 그 마음이 어디에 있는지 기억하지 못하는 사람"이
라고 했지요. 선생님이 '메타 레이디'와 함께 했던 연수같이 형
식적인 교육 연수에 끝까지 앉아 있어야 하는 수많은 교사들의
상태가 바로 이럴 것입니다.

전문성 고양을 위해 의무적으로 받아야 하는 대부분의 지역

과 전국적 회합에서도 이와 비슷한 상황이 연출됩니다. 교사들이 교육 현장에서 맞닥뜨리는 문제를 직접 이해하는 교사가 강연자로 나오는 경우는 좀처럼 없습니다. 대신 여러 지역을 돌며 이런 행사에 으레 강연자로 나오게 되어 있는 컨설턴트가 주도하는 연수가 대부분이죠.

일전에 선생님의 학교를 방문하여 "더 효율적인 전략을 사용해야 할 필요성"에 대해 강의했다던 그 "효율 맨"을 예로 들 수 있겠습니다. 그때 선생님이 1학년 학생들에게 적용할 수 있는 쉬운 용어로 설명해달라고 요구하자 그는 그런 것을 요구한다면 이런 학교에서 가르칠 자격이 없다며 일축해버렸다지요! 선생님은 그의 무례함에 아연실색했지만 구체적이고 유익한 말을 하지 못하는 무능력을 무마하기 위한 '오기' 같은 것이려니 하고 넘어갔다고 하셨습니다.

선생님들은 바로 이 사람이나 "효율 팀"의 또 다른 사람, 또는 또 다른 "효율 팀"—저는 이 같은 집단이 얼마나 많은지는 알지 못합니다—이 수많은 지역 연수에서 그런 허울뿐인 해결책을 제시한다고 입을 모읍니다. 그 사람들은 거기서 "교사는 학생에 대해 높은 기대 수준을 가져야 하고, 학생의 적성과 능력에 따라 다른 교수 기술을 써야 하고, 탁월하기 위해 각고의 노력을 해야 한다"고 말한다지요. 시카고의 어느 선생님은 탁월해야 한다고 강조하는 그 사람의 으스대는 말투를 들어줄 수 없었다고 분통을 터뜨리셨습니다.

"그 자는 분명 영리한 사람이었어요!"

그 선생님은 말했습니다.

"그 사람이 하는 말을 듣지 않았다면 그런 생각이 들지 않았겠지요. 탁월함이라…… 얼마나 대단하고 멋진 생각입니까! 여기 있는 이 사람은 여태껏 평범하기 위해 애써온 단순하기 짝이 없는 인간인데……."

저는 이 사람 혹은 "효율 팀"의 어느 누구한테서도 강연을 들어본 적이 없기 때문에 그 선생님이 말한 것을 보증할 수는 없습니다. 선생님이 참여한 연수 가운데 조금이라도 의미가 있었다고 여겨지는 것이 있다면 저한테 알려주시기 바랍니다. 그러나 저 역시 지난 10~15년 동안 그런 수다스런 사람의 김빠지는 강연을 몇십 차례 들은 적이 있습니다.

지나치게 독단적인 그런 사람들의 "이것을 전달하고 저것을 개혁하고 또 다른 것을 이행하고 활용하기 위해서는 학생 중심의 다양한 교수법을 써야 한다"는 판에 박힌 말을 들으며 앉아 있다 보면, 시원한 물을 기다리던 목마른 사람이 모래가 담긴 컵을 건네받은 것처럼 절망감이 밀려오곤 합니다. 그러나 이런 전문 용어들은 연동적인 속성이 있어 함께 사용해야 조리 있고 일관성 있어 보입니다. "학교 개혁"은 "높은 기준을 강요함으로써 같은 연령대의 아이들에 견주어 뒤지지 않도록 저소득층 아이들의 변화를 이끌어내는 것"을 의미한다는 말은 마치 우리가 전에는 생각해보지 못한 것을 알려주는 것처럼 생소하게 들립니다.

이런 회의에 패널로 참여하는 수많은 교육 전문가들, 기업 총수들, 그리고 주 또는 지역의 학교 관리자들은 이런 용어들을 주거니 받거니 하면서 토론을 벌입니다. 이들 사이에 근친상간적인 유쾌함이 생겨납니다─미안해요, 프란체스카 선생님! 선생님이 웃는 모습이 보이는 듯합니다. 그러나 이것을 달리 말할 방법이 없군요. 흔히 쓰는 진부한 표현으로는 부족한 듯해서요. 그들 중 한 명이 참다못해 자리에서 벌떡 일어나 "정말 쓸데없는 소리만 지껄이는군요. 새로운 생각을 말하는 사람은 아무도 없어요"라고 말한다면 의미보다 무게를 중시하는 언어의 세계를 뒤흔드는 파괴적인 효과를 낼 것입니다.

언젠가 선생님은 농담으로 주의 교육 표준 지침을 모아놓은 공식 문서에서 발견되거나 교육 회의에서 듣게 되는 단어와 구만으로 시를 써보자고 제안한 적이 있었지요. (그건 불가능한 일일 겁니다.) 우리가 해볼 수 있는 또 하나의 재미있는 활동으로는 윌리엄 칼로스 윌리엄스(William Carlos Williams, 1883~1963. 미국의 시인)처럼 총명한 시인이나 로버트 프로스트같이 직설적인 시인이나, 공식 언어의 진부성에 대한 통찰력을 보여준 W. H. 오든 같은 시인들이 지금 살아 있다면 미국의 문맹률을 낮추기 위해 고용된 수많은 전문가들이 사용하여 우리 교사들에게 유포하는 이런 언어를 접했을 때 어떤 반응을 보였을지 상상해보는 것이 있습니다.

'메타 레이디'가 선생님께 말하자 선생님이 거부감을 느꼈던 과장된 용어들은 도비가 처음에 선생님 반에 왔을 때 쓰던 비문법적 표현들과 수많은 "그리고"와 "그러나" 같은 버릇보다 영어에 미치는 해악이 더 큽니다.

대부분의 교사들은 일단 이런 연수와 회의에서 풀려나 자신의 교실에 돌아가면 저한테 이런 식으로 말하지 않습니다. 제가 학교를 방문하여 그 선생님들에게 교과서나 읽기 교수법에 관해 묻는다면 "제가 활용하는 방법은……"이나 "그것을 이행하는 것은……" 식의 대답을 하지는 않을 것입니다. 대신 "쓰다"나 "하다" 또는 "해보다" 등의 일상적인 용어를 써서 대답하겠지요. 공교육에는 두 종류의 언어가 있는 것 같습니다. 하나는 '교육 전문가용' 또는 '회의용'이고 다른 하나는 표준 영어입니다. 일부 교사들은 자신들의 의견이 존중되지 않는다고 생각하는 공적인 상황에서 스스로를 보호하기 위해 '회의용 언어'를 배웁니다. 그러나 그것은 스스로를 깎아내리는 행위입니다.

선생님이 이런 말하기 방식에 말려들지 않았다는 것은 당연하다고 생각합니다. 선생님은 여러 가지 면에서 운이 좋은 편이십니다. 고등학교와 대학 시절 인문학과 언어에 심취한 적이 있고 문학적 소양을 갖춘 뒤 공교육에 입문하셨으니 말입니다. 십대 때 이후로 폴 굿맨이나 예이츠와 릴케의 시를 읽는 교사는 많지 않습니다. 이런 것들이 선생님으로 하여금 진실하지 않은 말들을 거부할 수 있도록 도와주었던 것 같습니다.

그러나 문학적 소양은 갖추지 못했지만 비판적 지성이 있고 이런 과장된 용어에 대해 본능적으로 거부감을 갖고 있는 사려 깊고 교육을 잘 받은 사람들조차 '전문가'로서 자신들의 지위를 지키기 위해 불가피하다고 느낄 때에는 그런 용어를 사용합니다. 물론 베드록 선생님과 듀크스 선생님처럼 경험 많은 노련한 교사들은 아주 오랫동안 교직에 있었기 때문에 이런 은어와 '메타프 레이즈(meta-phrases. '메타'라는 접두사를 덧붙여 만든 파생어를 뜻함)'들이 10년쯤 지나면 또 다른 공식 용어들로 대체된다는 것을 압니다.

우리가 아이들에게 자신의 의견을 자기 식대로 자신 있게 말하는 법을 가르치고 싶다면 우리 교사들부터 그럴 수 있도록 열심히 싸워야 합니다. 교육계의 은어 공장은 아주 바쁜 곳이어서, 거추장스럽기만 하고 본질적인 의미가 결여된 새로운 단어와 구를 계속 양산할 것입니다. 선생님의 예전 제자들이 좋아하던 그 사랑스런 단어들을 사용하려면 우리는 미래의 교사들을 격려하여야 합니다. 죽은 용어들을 거부하십시오. 자신의 참신한 언어를 지키십시오. 언어의 진정성을 지키십시오.

9 심미적 즐거움

— '위글리' '와블리' '아웃!'

친애하는 프란체스카 선생님

며칠 전 방과 후 아이들이 거의 다 돌아가고 난 뒤 운동장에서 선생님이 저한테 질문을 하시자 제가 생각해보겠다고 약속을 드렸지요. 운동장 저편에서는 샤니쿠아와 또 한 아이가 아주 크고 못생긴 곤충이 녹은 눈 사이로 드러난 잔디밭 위를 기어가는 것을 지켜보며 어머니가 데리러 오기를 기다리고 있었습니다.

그때 선생님은 그 아이들을 바라보며 제게 이런 질문을 하셨습니다. 요즘 교육 정책 입안자들 중 공립학교에서 아이들이 누려야 할 즐거움, 이를테면 그 아이들이 우연히 발견하는 딱정벌레와 무당벌레, 기타 자연의 갖가지 생물들을 관찰하며 느끼는 흥분과 기쁨에 대해, 다시 말해 아이들이 행복한지, 아이들이 학교 생활을 즐거워하는지에 대해 관심을 기울이는 사람이 있느냐고 말이지요.

사실을 말씀드리자면, 교육부나 주 교육부, 정부의 지원을 받는 수많은 교육 관련 연구 기관에서 보내오는 온갖 문서들—목표가 정해져 있고 학생들의 성적 기준이 상당히 상세하게 명시된—에서 '기쁨'이나 '즐거움', '호기심' 같은 단어들을 찾아볼 수 없습니다. 다른 친구에 대한 동정심, 공감, 친절 같은 단어 역시 찾을 수가 없지요. 요컨대 아이들과 함께 시간을 보내는 거의 모든 선생님들이 가장 중요하다고 생각하는 것이 없습니다.

공립학교 어린이, 특히 도심 빈민 거주지의 학교에 다니는 아이들을 위한 '행복 지수'는 존재하지 않습니다. 과중한 업무에 시달리는 주 정부의 관료들에게 행복은 가장 나중에 생각해야 할 항목인 듯합니다. 교육청은 아이들의 학교 생활에 관련된 거의 모든 측면을 평가하지만 그 아이들이 교사와 함께 하는 하루하루를 기대하는지는 묻지 않습니다.

다행히 주 정부나 연방 정부의 압력에도 수많은 선생님들은 이 문제를 포기하려 하지 않습니다. 이분들은 어떤 시련에도 천성적으로 그럴 수 없도록 타고난 분들이지요. 몇 년 전 사우스브롱크스에서 만났던 젊은 교사에 대해 제가 언젠가 말씀드린 적이 있었을 거예요. 그분의 성함은 에이프릴 갬블이었는데 봄에 3학년을 맡으면서 교직을 시작한 분이었으니 그분에게 꼭 맞는 이름이라고 생각했던 기억이 나는군요. 그분이 담당한 학급의 학생들이 언제든 그 근처에 오면 들러달라고 제게 편지를 보내왔습니다. 이따금 아이들이 책의 저자에게 보내오는 그런 친근한 편지였지요. 그 아이들 중 한 명이 보내온 편지를 소개하면 이렇습니다.

"제 이름은 페드로입니다. 저는 일곱 살이에요. 여섯 시간만 시간을 내주시면 우리가 어떻게 지내는지 전부 알려드릴 수 있을 거예요. 언제 한번 우리를 방문해주시면 안 될까요?"

그 아이는 편지 끝에 이렇게 서명했습니다.

"마음을 다해 페드로 드림."

저는 이 초대에 응하지 않을 수 없었습니다. 그래서 하루는 그 학교 교장선생님께 전화를 드리고 그 학급을 찾아갔지요. 마침 그날 페드로는 아파서 결석을 했기 때문에 만날 수 없었으나, 그 반의 다른 아이들 몇몇을 아주 잘 알게 되어 그애들과는 그 후로도 계속 연락을 합니다.

그날 오전 제가 아이들과 토의 수업을 할 때 통제 불능의 상태가 되었는데—이따금 제게 이런 일이 일어난다는 것을 지금쯤이면 알아차리셨겠지요—그 학급의 담임선생님은 제가 어떻게 대처해야 할지 모른다는 것을 눈치채시고는 저를 도와주셨습니다. 그녀는 그 상황에서 어떻게 해야 하는지 정확히 아는 것 같았습니다.

그녀는 자리에서 일어나 한 손의 손가락들을 약간 구부린 채 입 바로 아래쪽에 붙이고 다른 한 손도 같은 방식으로 구부려 오른편 30센티미터쯤 되는 지점으로 뻗었습니다. 저는 그 학급이 제가 초래한 어수선한 상태에서 벗어나 차분해지는 것을 홀린 듯 지켜보았습니다. 아이들도 자리에서 일어나 갬블 선생님이 하는 것과 똑같이 했습니다. 모든 아이들이 한 손을 입 아래쪽에 붙이고 다른 한 손은 옆으로 뻗어 선생님을 똑바로 쳐다보았습니다.

그러자 그 선생님은 나직하게 흥얼거리기 시작했습니다. 이어서 그녀는 그녀의 소프라노 음성으로 멜로디를 노래했고 몇몇 아이들도 자신의 음성으로 노래하기 시작했습니다. 그제야 비로소 이해가 되었습니다. 그것은 오케스트라였고 그들은 플루트를 연주하는 파트였던 것이지요. 아이들은 작은 손가락을 움직이며 플루트를 연주했습니다. 선생님이 마치 귀에 들리는 멋진 음악에 깊이 감동한 듯 몸을 비스듬히 기울이고 고개를 숙이면 아이들도 선생님을 따라 몸을 구부리곤 했어요.

복도에 서 계시던 교장선생님도 이 광경에 매료되었습니다. 저는 그분이 갬블 선생님을 교사로서 존경할 뿐 아니라 그녀의 아름다운 몸놀림에 매료되었음을 알 수 있었습니다. 플루트의 키를 누르는 손가락의 그 섬세한 움직임이라니! 그러고 나서 그 선생님은 아이들 앞에서 한 발에서 다른 발로 중심을 이동해가며 춤을 추었습니다. 모차르트의 오페라 〈마술피리〉의 파파게노와 타미노, 그리고 타미노가 플루트로 연주하는 아름다운 곡조가 떠올랐습니다. 아이들도 가락을 타며 몸을 흔들었습니다. 음악이 끝나자 선생님은 플루트를 세련되고 매끈한 동작으로 손에서 빼냈고 아이들도 선생님을 따라했습니다. 그러고 나서 우리는 다시 토의 수업을 시작했습니다.

그 일을 떠올릴 때 기억나는 것은 어수선해진 3학년 아이들의 마음을 차분하고 조용한 상태로 만든 효과적인 기술만이 아니었습니다. 그 선생님의 즉흥적인 춤 동작 또한 기억에 남았지요. 그녀는 한두 스텝만으로 그 순간을 즐거움으로 가득 채워 아이들을 자연스럽게 통제했습니다. 너무 '신중'하거나 너무 '직업적'이지 않은 덕분에 상상의 플루트로 아이들과 함께 마법의 음악을 연주할 때 느낀 행복을 자연스럽게 보여줄 수 있었다고 생각해요.

갬블 선생님은 노래를 부르며 손가락을 움직일 때 단지 플루트만을 연주했던 게 아니라 그녀 내부의 명랑함을 연주했고 아이들의 영혼 또한 연주했던 것이지요. 그녀는 나중에 저한테 그 학교 학생 중 3분의 1이 천식을 앓는다고 말해주었습니다. 뉴욕 시에서 그 학교 인근에 쓰레기 소각장 같은 유독한 설비를 설치했기 때문입니다. 그러나 그날 오전에는 어느 누구도 그런 것들을 짐작할 수 없었을 것입니다. 잠시 우리는 도시에서 2천 킬로미터쯤 떨어진 곳에 있는, 신선한 초록 향이 가득한 마법의 숲에 머무는 듯했고 숲의 요정들 중 어느 하나도 숨 쉬는 데 불편함을 느끼지 않았습니다.

다른 선생님들도 아이들의 학교 생활에 풍취를 더해주기 위해

115

자신만의 독창적인 방법을 이용하여 잠깐 동안 자극을 주거나 교실을 아름답게 꾸미곤 합니다. 이는 교사들이 자신들이 가르쳐야 하는 필수 기능을 소홀히 다룬다는 뜻이 아닙니다. 아이들의 호기심과 즐거움을 충족시키는 심미적인 분위기 속에서 필수 기능을 가르치는 게 옳다고 믿는 것이지요.

아동서로 가득한 책장과 색색의 읽기 상자가 있던 미네소타의 어느 1학년 교실이 기억나는군요. 책들은 수준에 따라 색깔 별로 정리되어 있었지요. 햇살이 가득 비쳐 드는 교실 구석에서 곰과 벌레와 애벌레에 관한 책들은 특히 눈에 잘 띄는 자리에 꽂혀 있었습니다. 《배고픈 애벌레(Very Hungry Caterpillar)》를 비롯한 에릭 칼의 여러 작품들은 아이들이 가장 좋아하는 책이었는데, 아이들은 진짜 애벌레를 교실에서 직접 보는 잊을 수 없는 시간을 가졌지요. 여섯 살짜리 곤충 연구가들은 선생님의 도움을 받아가며 그것이 '불나방의 애벌레'라는 것을 알아냈습니다.

선생님이 그 애벌레를 학교에 갖고 온 날, 상당히 오랜 시간 동안 그 외의 모든 학급 활동이 중단되었습니다. 숱 많은 갈색과 오렌지색 털로 덮인 그 애벌레는 아름다웠고, 그날 이후 몇 주 동안 아이들은 자주 자리에서 살그머니 빠져나와 그 애벌레를 부드럽게 쓰다듬거나 경이로운 눈길로 쳐다보곤 했습니다.

애벌레가 스스로 실을 내어 지은 회색 고치 안으로 모습을 감춰버린 날도 물론 아이들에게 잊을 수 없는 중요한 날이었습니다. 그리고 드디어 아주 화려한 불나방이 되어 고치 밖으로 나왔을 때 선생님은 창문을 열어 그것을 4월의 하늘로 날려 보냈습니다. 불나방을 위한 축하 의식을 치른 뒤 아이들은 그 나방과 그와 비슷한 종의 생명 주기에 관해 공부했습니다.

이 애벌레가 아이들에게 일깨운 감정을 이야기할 때 저는 '경이감'이라는 말을 썼습니다. 그것은 아이들이 미래에 국가 경제에서 자신의 몫을 해내고 '세계 시장'에서 '경쟁 우위'(실제로 저는 얼마 전에 도심의 초등학교 게시판에서 이런 단어들이 적힌 '임무 강령'을 보았습니다. 도대체 왜 초등학교 아이들이 미래에 세계 시장에서 자신들이 맡게 될 역할을 걱정해야 하는 것인지요? 교사들은 왜 이 터무니없는 배금주의적 목표를 아이들에게 강요해야 한단 말입니까?)를 확보하기 위해 배우기로 되어 있는 필수 지식의 항목을 일람표로 적어놓은 문서에서 좀처럼 찾을 수 없는 또 하나의 단어죠.

교실 활동에서의 충동과 경이감의 중요성에 관한 선생님의 견해가 마음에 들었습니다. 선생님은 이렇게 말씀하셨지요.

"하루 일과가 끝날 무렵, 자기 자리에서 책을 읽어야 할 아르투로가 창가에 서 있는 것을 보았어요. 그 아이는 눈을 동그랗게 뜨고 홀린 듯 나무 안의 다람쥐를 바라보고 있었지요."

그 모습을 본 선생님은 그 아이에게 '자리로 돌아가 책을 읽어라'라고 말할 수 없었다고 하셨지요. 선생님은 "심지어 저도 그 광경을 보기 위해 창가로 다가갈 뻔했답니다. 다람쥐를 그렇게 감탄어린 시선으로 바라볼 수 있는 동심을 느껴보고 싶었지요. 저는 아이들을 많은 것들이 흥미롭고 새로운 그 나이에서 서둘러 몰아내고 싶지 않아요" 하고 말씀하셨습니다.

수업 시간에도 선생님은 수업 내용을 아이들의 생활과 직접적인 관련이 있는 것들로 바꿔가며 재미있게 설명하려고 노력하셨습니다. 선생님의 학급을 마지막으로 방문했을 때 저는 독서용 깔개의 위쪽 벽에 붙여놓은 타임라인(timeline)을 보았습니다. 저는 1학년 선생님들이 학생들에게 날이나 달, 계절이 바뀌는 것을 알리는 데 타임라인을 흔히 사용한다는 것을 압니다. 그러나 그것은 평범한 타임라인이 아니었습니다. 저는 그것을 '재미난 타임라인'이라 부르겠습니다.

사실, 제가 기억하기로, 그것은 타임라인이 아니었습니다. 그것은 선생님이 그 위쪽에 적어놓은 대로 '투스 라인(Tooth Line)'이었습니다. 선생님이 마분지로 만들었다고 하신, 아주 진짜처럼 보이는 종이 치아들이 섬유판처럼 생긴 평평한 판자 왼편에 줄을 이뤘지요. 학급의 모든 아이들은 판자에 난 홈들 가운데 한 곳에서 자신의 치아를 찾을 수 있었습니다. '샤니쿠아의 이', '아르투로의 이', '도비의 이' 등이 눈에 띄었습니다.

선생님은 판자의 상단에 '치아 상태'를 나타내는 줄 네 개를 만들어놓았지요. 흔들리지 않는 튼튼한 치아를 표시하기 위한 첫 번째 줄, 약간 흔들리는 위글리 티스(Wiggly Teeth)를 표시하기 위한 두 번째 줄, 많이 흔들리는 와블리 티스(Wobbly Teeth)를 표시하기 위한 세 번째 줄, 뽑힌 치아(Out!)를 표시하기 위한 네 번째 줄이 있었지요. (이가 뽑힐 때마다 아이들이 베개 밑에 25센트나 1달러짜리 동전을 보상으로 받든 못 받든 그것은 아이들에게 큰 사건일 터이므로 선생님이 표현하신 '뽑혀 나간 치아!(Out!)'에서 저는 느낌표가 마음에 들었습니다.)

아이들이 치아의 상태를 표시할 때 그들의 마분지 치아는 판자를 가로지르며 '위글리 티스'에서 '와블리 티스'로, 그 다음에 '아웃!'으로 이동하게 됩니다. 아이들의 흥미를 끌었던 이 타임라인에서 주목해야 할 점은 그것이 여섯 살짜리 아이들에게 아주 중요한 일련의 사건을 토대로 한다는 것뿐 아니라 상당 부분 재미를 목적으로 만들어졌다는 것입니다. '위글리'와 '와블리'는 발음도 재미있습니다. 좀 우습게 들리는 단어들이지요. 그것은 필시 선생님이 이 단어들을 선택하신 한 가지 이유일 것입니다.

순서와 범주 등을 가르치는 것은 제가 알기로 초등 교육에서 아주 중요한 부분입니다. 그러나 선생님이 위의 예에서 보여주셨듯이 아이들의 생활과 직접 연관된 것들을 재미있게 제시하여 이런 개념들을 가르칠 수 있으므로 이 개념들을 학생들의 생활과 동떨어진 진부한 용어로 가르쳐야 할 이유는 없습니다.

차트를 가로지르며 전진하는 작은 치아들은 그 자체로 재미가 있습니다. 제가 한 아이에게 그 아이의 이는 어떤 것이냐고 묻자 그 아이는 일어나서 자기의 이를 가리키며 "이게 제 이예요" 하고 말했습니다. 그러더니 손가락을 입에 넣고는 그게 자기의 이 가운데 어떤 이인지를 저한테 보여주었지요. 차트에서 그것은 '위글리' 열에 끼워져 있었으나, 그 아이는 엄지와 집게손가락으로 잠시 이를 움직여보더니 종이 치아를 있던 홈에서 빼내어 '와블리' 열에 끼워 넣었습니다. 저는 선생님이 모든 아이들이 독서용 깔개 위에 앉았을 때 모두 함께 이 일을 하게 한다는 것을 알고 있습니다. 제가 그 아이에게 조금만 참았다가 다음날 아침에 하라고 했어야 했는지도 모르겠습니다만 그 아이는 충동에 이끌려 그렇게 했지요.

프란체스카 선생님, 이번 편지 역시 제가 최근에 써 보낸 몇몇 다른 편지들과 마찬가지로 두서없이 산만해진 것 같습니다. 그러나 이 모든 이야기의 공통된 주제는 예술적 감각과 창의성, 상상력 등이 심하게 공격을 받는 시기에 교사들이 이런 것들을 지켜내야 한다는 것입니다. 이삼 년 전 미국 교육부의 어느 고위 관료는 정부의 목표는 '전국적인 읽기 교육의 골간을 예술에서 과학으로 바꾸는 것'이라고 선언했습니다. 책은 과학보다는 예술과 더 깊은 연관이 있으며, 아이들에게 책 읽는 법을 가르치는 일은 물리학이나 기하학을 가르치는 것과는 다소 다른 기술을 필요로 한다고 믿는 선생님들에게 이 선언은 불편한 것이었습니다.

그러나 교육의 방향을 예술에서 과학으로 바꾸려는 이런 열망은 읽기 방법론에만 그치지 않았습니다. 수많은 학교에서 학교 일과와 학교 생활 전반으로 확장되었지요. 예술성과 틀애벌레가 워싱턴에서 불어 내려온 이 차가운 바람에 대항하여 살아남을 가망은 그다지 많지 않습니다. 그러므로 더더욱 교사들은 이런 정책에 저항해야 합니다. 사이비과학 위주의 획일적 교육을 강요하는 이런 정책을 무마하기 위해 교사들은 독창성을 발휘하여 모든 가능한 방법을 동원해야 할 것입니다.

작년에 노스캐롤라이나의 어느 학급을 방문했는데, 그 학급의 담임 선생님은 이 정책에 반(反)하는 유쾌한 포스터를 붙여놓았더군요. '예술가 되는 법'이라는 제목 아래에 이런 내용의 글이 있었습니다.

'여유를 가지고 생활해라. 달팽이를 관찰하고 불가능한 정원에 씨를 뿌려라⋯⋯. 자유와 불확실성과 친구가 되어라. 꿈이 이루어지길 바라고 노력해라⋯⋯.'

그 선생님은 읽기와 쓰기, 셈하기 같은 기초 능력을 소홀히 다루지 않았습니다. 그녀가 맡은 저소득층 학생들의 시험 성적은 좋았습니다. 그러나 제가 그녀에게 읽기 교수법에 관해 질문했을 때, 그러니까 읽기 수업 시간에 모든 면에서 교육부의 지침에 따르느냐, 아니면 모든 면에서 혁신적인 방법을 사용하느냐 하고 묻자 그녀는 마치 벼룩이나 모기처럼 성가신 무언가를 털어내려는 사람처럼 머리를 세차게 흔들었지요.

"두 가지를 혼합해서 가르쳐요!"

그녀는 이렇게 말하고 경쾌한 동작으로 긴 머리를 휙 뒤로 넘기고는 교실 뒤에 앉아 있는 까불이 소년을 감시하기 위해 몸을 돌렸습니다.

선생님도 두 가지 방식을 혼합하여 가르치시지요. 저 역시 좋은 방법이라고 생각합니다. 도심부 학교에 부임하는 수많은 다른 교사들도 그러기를 바랍니다. '세계 시장'에 관한 것들과 '위글리', '와블리', '아웃!' 같은 것들을 병행하는 것이지요. 유년기는 국가 경제를 위해 존재하는 것이 아닙니다. 건강한 국가에서는 그 반대가 되어야 하겠지요. 현재 우리 앞에 놓인 이 중요한 투쟁은 어린이 교육의 방법과 경향뿐 아니라 목표에도 연관이 있습니다. 우리는 교사로서 경제 위주의 덧없는 사회 풍조 앞에 무릎을 꿇을 것인지 말 것인지를 결정해야 합니다. 교단에 서기 전에 어느 편에 설 것인지 미리 마음을 정해야 합니다.

10 고부담 시험과 그 외의 현대적 불행

친애하는 프란체스카 선생님

행복한 교사와 아이들이 상상의 플루트로 연주하는 마법의 음악에 대한 아름다운 이야기에서, 학교에서 해가 갈수록 더 가혹해지고 집요해지는 고부담 시험(high-stakes testing)이라는 고통스런 문제로 화제를 바꿔야 한다는 게 유감입니다. 그러나 선생님은 이 문제가 선생님의 학교에서 얼마나 심각한지 여러 번 제게 말씀하셨고 제가 방문하는 더 큰 교육구의 다른 선생님들도 이 문제를 반복해서 거론하곤 하십니다. 선생님도 아시다시피 연방 정부의 강경한 요구로 모든 공립학교 학생들은 3학년부터 매년 고부담 시험을 치러야 합니다. 이 시험으로 인해 학교에서는 불안이 고조되어 거의 피포위 심리(siege mentality. 항상 공격이나 압박을 받는다고 느끼는 마음 상태)를 느낄 정도입니다.

연방 정부의 법률은 미국 전역의 모든 공립학교에 적용되기 때문에 교외의 주택지에 있는 학교에서도 같은 시험이 치러집니다. 그러나 이런 표준화 시험에서 좋은 성적을 거두는 대부분의 교외 지역 학교의 교장과 교사들은 매년 학생들의 시험 성적이 공개될 때 연방 정부의 제재에서 학교를 보호하기 위해 커리큘럼을 변경하거나 다른 극단적인 방법에 의존할 만큼 압박을 느끼지 않습니다.

그러나 수많은 도심의 학교, 특히 예전부터 낙제율이 높아 '학업 성취도가 낮은 학교'라는 딱지가 붙은 학교들에서는 사정이 다릅니다. 이 학교들은 원래부터 지원금을 제대로 받지 못했지만 정부가 요구하는 성취도를 달성하지 못하면 지원금 삭감을 포함하는 일련의 제재를 받게 되어 그때껏 받아오던 최저 수준의 지원금마저 더 줄어듭니다. 그리고 성적 향상이 빨리 이루어지지 않아 정부가 요구하는 수준에 이를 수 없을 것 같으면 사설 시험 준비 기관에 돈을 내고 학생들에게 시험 준비를 시켜줄 것을 의뢰합니다. 이처럼 시험 준비에 더 많은 비용을 들이게 되면서 교수 활동을 위해 쓸 수 있는 자금이 줄어듭니다.

이런 제재를 피하기 위해 교장들은, 실은 자기들도 혐오한다고 저한테 살짝 귀띔해준 수단을 종종 사용합니다. 예컨대 수많은 도심의 초등학교에서는 아이들의 점수를 높이기 위한 고육지책으로 꽤 오랜 기간을, 대략 1년의 4분의 1을 아이들에게 시험 보는 기술을 연습시키는 데 사용합니다. 그 결과 과학, 사회, 문학, 예술(이런 학교 대부분에서는 예술 수업을 거의 완전히 포기한 상태지요) 등 내용 교과를 수업하는 데 필요한 시간은 줄어들지요.

파인애플이 다니는 P.S. 65의 경우 5학년 교사들은 시험 전 3개월 동안 매일 오전 두 시간, 그리고 마지막 시간에 다른 모든 수업을 제쳐놓고 아이들에게 시험 연습을 시킵니다. 시험 직전 4주 동안에는 여기에 더해 일주일에 두 번 오후 3시에서 5시까지 아이들은 학교에 남아야 하고 토요일마다 학교에 나와 세 시간씩 연습 문제를 풀어야 합니다.

이런 시간들이 학생들을 위한 최소한의 교육적 가치를 지닌다는 구실을 내세우는 것은 불가능합니다. 그게 교장의 믿음이었다면 이런 시간을 시험 직전의 몇 주 또는 몇 달 동안에만 국한시키지 않았을 것입니다. 사람들이 시험 대비 연습 시간을 교수 학습에서 가치 있는 부분으로 여긴다면 일 년 내내 학교의 모든 아이들에게 시행하겠지요. 그렇게 하지 않는 이유는 아무도 시험 대비 연습을 교육적 가치가 있는 것이라 여기지 않기 때문입니다. 그것의 기능은 성적을 왜곡하고, 학교를 주정부나 연방정부의 제재에서 보호하고, 해당 학교의 여러 선생님들이 입을 모으듯 교장의 위신을 높여주는 것뿐입니다.

학생들에게 시험을 준비시키기 위한 추가 시간을 얻기 위해 몇몇 도시 지역들에서는 최근 몇 년 동안 아이들에게서 휴식 시간을 빼앗는 극단적인 방법까지 사용합니다. 예컨대 애틀랜타에서는 성적을 올리는 데 도움이 되지 않는 활동에 학생들이 시간을 낭비하지 않게 하기 위해 학교를 지을 때 계획적으로 운동장을 만들지 않았습니다. 시카고에서도 성적이 좋은 부촌의 몇몇 학교만 빼고 대부분 휴식 시간을 없애버렸습니다.

또 다른 지역에서는 현재 표준화 시험이 유치원(kindergarten) 과정〔미국의 학제는 각 주에 따라 자치적으로 운영되나 대부분의 주에서는 K-12(유치원~12학년)를 따른다. 즉 유치원 과정이 초등학교 과정에 포함되어 있다〕의 아이들에게 치러집니다. 때로 가을 학기 첫째 주부터 시험을 치르기도 하는데 교장은 이 시험의 목적을 아이들로 하여금 앞으로 치를 시험에 준비하게 하기 위한 것이라고 말합니다. 이 연령대의 아이들은 유아원〔preschool. 의무 교육을 받기 전 3~5세의 아이들이 다니는 유아 교육 기관〕에 다닌 적이 없는 한 시험지를 왼쪽에서 오른쪽으로 읽어야 한다는 사실도 모르는 게 다반사입니다. (선생님은 선생님이 "내 아기 곰"이라 부르는 아르투로가 작년 9월에 선생님 반에서 1학년을 시작했을 때 이 기본적인 정보도 모르고 있었다고 말씀하셨지요.) 수많은 유치원 과정의 아이들은 아직 크레용이나 연필 쥐는 게 익숙하지 않습니다. 이들은 이런 시험에 공포감을 느낍니다. 시험지를 보면 울기 시작하는가 하면 바지에 오줌을 쌉니다. 교사는 "힘을 내렴. 시험을 끝까지 봐야 해. 너 혼자 힘으로 할 수 있단다" 같은 마음에 내키지 않는 격려를 하는 것 외에는 그들을 도울 수가 없습니다.

그중 몇몇 지역에서는 유치원 과정의 아이들에게 더는 '낮잠

시간'을 주지 않는 극단적인 방법까지 씁니다. 교사들은 이렇게 얻은 30분에서 1시간을 아이들에게 시험을 준비하게 하는 데 사용합니다. 제가 아는 이 지역의 한 교육 관료는 "주에서 점수 올리는 책임을 우리에게 지운다면 우리는 이렇게 할 수밖에 없습니다. 유치원은 예전의 유치원이 아니에요" 하고 말하더군요.

최소한 아이들이 유아원에서 교육을 받은 적이 있다면 그들이 5~6세가 되었을 때 이 시험에 적응할 수 있는 가능성은 더 커지겠지요. 하지만 이 학교의 저소득층 아이들 대부분은 유아원을 다닌 경험이 없습니다. 그 이유는 현재 이 아이들을 엄격하게 판단하고 평가해야 한다고 주장하는 바로 그 정부가 연방 정부의 헤드스타트 프로그램을 충분히 지원하지 않았기 때문이지요. 미국의 극빈층 자녀 3세~5세 백만 명 가까이는(그 프로그램의 혜택을 받는 아이들보다 더 많은 수의 아이들은) 헤드스타트의 혜택을 단일 년도 받을 수 없는 실정입니다. 그리고 아이들 모두를 위한 유아원 프로그램을 제공해야 한다고 주장하는 주(state)는 많지만, 이 주장을 실천하는 경우는 드물어요. 예컨대, 뉴욕 주의 경우 '유니버설 프리케이[Universal Pre-K. 모든 아이들을 위한 유아 교육 프로그램]'라는 프로그램은 그 이름과는 달리 그 주의 네 살짜리 아이들 중 4분의 1에게만 혜택이 돌아갔습니다.

반면에 중상류층의 아이들은 일반적으로 두 살부터 풍성한 유아용 프로그램을 시작합니다. 태어난 달에 따라 아주 충실하고

127

값비싼 유아기 교육을 3년이나 받게 되는 것이죠. (일명 '베이비 아이비(Baby Ivies)'라 불리는, 뉴욕 주에서 가장 이름 있는 유아원들의 전일(full day) 프로그램의 교습비는 자그마치 2만2천 달러지요.)

몇 년 후 이 아이들이 3학년이 되었을 때 부자건 가난하건 모든 아이들은 동일한 고부담 시험을 치르게 되는데, 현재 수많은 주에서는 이 시험을 통해 아이들의 진급 여부를 결정하고 있지요. 교사들은 어떤 아이들이 가장 높은 점수를 거둬 '인재' 양성 프로그램을 받게 되고―이것은 중등학교에서 우수반(Honors class)과 최우수반(A.P.)에 배정되는 등 오랜 기간 이어지는 일련의 혜택 가운데 첫 단계라고 할 수 있겠습니다―어떤 아이들이 평균에 훨씬 못 미치는 점수를 얻어 유급이라는 제재를 받게 되는지 알아도 별로 놀라지 않습니다. 프란체스카 선생님, 저는 8, 9세밖에 안 된 아이에게 표준화 시험 성적에 대한 책임을 물으면서 국회와 대통령에게는 6, 7년 전에 자신의 아이들에게 주었던 혜택을 이 아이에게서 빼앗아버린 데 대한 책임을 묻지 않는 사회는 몹시 위선적이라고 생각합니다.

유치원에서 처음 접하든 몇 년 후 3학년 때 처음 접하든 여하튼 그 시험은 존재합니다. 훌륭한 교사는 이 시험에서 평가되는 항목에 맞추어 기계적 암기와 훈련을 시키는 시간을 혐오합니다. 덜 창의적이고 더 기계적인 교사들은 이 지침에 그렇게 열렬히 반대하지 않습니다. 교사가 정신의 생기를 덜 갖고 교실에 들어

갈수록 이 반지성적 기술에 굴복할 때 상실감이 덜하겠지요.

프란체스카 선생님, 선생님도 아시다시피 저는 대학에서 강연할 기회가 있을 때마다 젊은 교사를 모집합니다. 순종적이고 따분하고 생기 없는 듯 보이는 사람은 절대 채용하지 않습니다. 성인에게 지루해 보인다면 학급의 아이들에게도 지루할 것이기 때문입니다. 그러나 열정적이고 호감이 가는 사람이라면, 아이들과 언어를 사랑하고 좋은 책과 시 읽기를 좋아하고 자기가 감동받은 것들에 대해 신나게 말할 수 있는 사람이라면, 그리고 분별 있어 보이는 사람—선생님도 이런 사람이 선생님 반에 교생으로 왔으면 하고 바랐지요—이라면 그 사람의 견실함을 믿을 수 있을 것입니다. 저는 이런 사람을 발견하면 늘 이렇게 말하지요.

"환영합니다! 교사 자격증에 필요한 모든 과정을 마치고 나서, 당신의 열정과 재미있는 성격, 아름다움을 향한 사랑, 당신이 받은 좋은 교육의 학문적 혜택을 갖고 당신의 재능을 가장 필요로 하는 학교로 오십시오."

이들이 과도하게 시험 위주로 운영되는 학교로 가게 될 때 어떤 일이 벌어질까요?

이들은 월요일 오전에 칠판으로 걸어가서 큼지막한 인쇄체로 이런 수업 목표(outcome of a lesson)를 쓸 수 없다는 것을 알게 될 것입니다.

"오늘 내가 좋아하는 윌리엄 버틀러 예이츠(William Butler Yeats,

129

1865~1939. 아일랜드의 시인. 1923년 노벨 문학상 수상자), 그웬돌린 브룩스
(Gwendolyn Brooks, 1917~2000. 미국의 흑인 여성 시인. 일리노이 주 시카고 출
신으로 도시 흑인들의 일상을 다룬 작품을 썼다. 시인으로서는 처음으로 퓰리처상을
받았음), 랭스턴 휴즈의 시들을 3학년 학생들에게 읽어주었고, 아
이들도 그 시들을 좋아했다."

　이런 수업 목표는 받아들여지지 않을 것입니다. 시험 성적에
대해 책임을 지우는 가혹한 세계에서는 아이들이 좋아하느냐 안
좋아하느냐 하는 문제는 중요하지 않습니다. 교사는 자기가 좋아
하는 시를 읽어주고 싶다면 그것이 공식적으로 규정된 능력
(proficiency)에 속하는 것처럼 조작해야 합니다. "윌리엄 버틀러
예이츠의 시를 활용하여 (시험에서 평가될) 다음 세 수준의 능력
을 전달한다"고 쓰고는 세 수준의 능력도 덧붙여야 합니다. 그런
다음 전달하려는 기능(skills) 옆에 표준 지침의 공인 번호를 적어
넣습니다. 그것은 장학사─이따금 학교에 들러 교사의 수업을
참관하곤 하는 이들을 교사들은 '교육 과정 감시자'라고 부른답
니다─들이 쉽게 알아볼 수 있도록 하기 위해서입니다.

　어릴 적에 우리 대부분이 좋아했던 어린이 명작동화─예컨대
신비스런 모험담이며 곰돌이 푸와 아기 돼지 피그릿의 직관이나
뚱뚱한 당나귀 이요르의 슬픈 말 등─에 등장하는 이야기와 대
화조차 그저 있는 그대로의 문학적 보물로 제시되지 못하고, 주
교육부에서 번호를 매겨 지정한 기능을 캐내어 교육 과정의 조명

을 받게 해야 하는 자료의 원천 같은 것으로 다루어집니다. 이야기의 매력과 순수성이 그 자체로 존중되는 대신, 외인(外因)적 목적으로 활용됩니다. 그래서 아이들이 잃게 되는 다른 모든 것은 제쳐두더라도 이런 학교의 아이들은 책 읽는 즐거움을 알 수 있는 소중한 기회를 놓치게 되는 것이지요.

이따금 학교 관리자들은 학습의 가치는 "학습 그 자체"에 있다고 입에 발린 소리를 합니다. 그러나 아이들에게 시험에 통과하는 것은 그저 중요한 일이라고 가르치는 정도가 아니라 뉴욕 시의 어느 학교에 계신 선생님이 제게 말씀하셨듯이 "오로지 중요한 것은 시험에 통과하는 것뿐"이라고 가르치는 학교에서는 이 말이 유효하지 않습니다. 교사가 어쩔 수 없이 곰돌이 푸와 아기 돼지 피그릿의 이야기에 시험 항목과 연결짓는 공인 번호를 붙여 이를 강조할 때 아이들에게 그 메시지는 지워지지 않는 오점으로 남게 됩니다.

저는 선생님이 번호가 있는 표준 게시물을 붙이지 않는다는 것을 알게 되었습니다. 선생님은 단지 "뒤탈이 안 나게 하기 위해 그 많은 번호들을 게시한다는 것"이 어리석게 느껴진다고 말씀하셨지요. 도심의 학교에서 일하는 교사들 중 이 규칙을 그렇게 쉽게 무시할 수 있을 만큼 용기 있는 분은 드물 것입니다.

하루는 사우스브롱크스의 어느 학교에서 3학년 교실의 칠판에 이런 교육 목표가 적힌 것을 보고 갑자기 멈춰 섰던 기억이 있습니다.

"영어 능력 번호 E-2, 〔하위논제〕D……학생은 이야기체로 절차를 만들어낼 수 있다."

나중에 이게 무슨 뜻이냐고 그 반 선생님께 여쭤보았더니 그분은 적어도 유머 감각은 있는 분이셨는지 웃으며 이렇게 대답하셨지요.

"그저 이야기를 쓴다는 뜻입니다."

저는 그분이 칠판에 적어놓은 복잡한 단어 대신 그 쉽고도 명료한 표현을 쓰는 게 어떠냐고 물었습니다. 그는 무슨 말인지 안다는 예리한 눈빛으로 말했습니다.

"표준 지침에 있는 언어를 사용해야 한답니다."

저는 그분에게 "절차를 만들어낸다"는 표현은 좀 이상하다고 말했습니다. 두 단어가 어울리지 않았지요.

"말도 안 되는 구문이지요. 저도 동의합니다."

그분은 서슴없이 바로 대답하더군요. 저는 번호를 붙이는 일에 대해 더는 묻지 못했습니다. 그 선생님 역시 그 일이 시간 낭비라 여기면서도 거기에 따르는 수밖에 다른 도리가 없다고 느낀다는 것을 알았으니까요.

전에 선생님과 이야기를 나눈 적이 있는 수업 계획안과 마찬가지로 그분의 수업 계획안은 속사포처럼 이어지는 일련의 짧은 질문과 미리 예견한 아이들의 대답에 의존합니다. 여러 도시에서, 가장 점수가 낮은 학교에 다니는 흑인과 히스패닉 어린이들에게는 이와 비슷한 방법을 쓸 수밖에 없습니다. 이 방법은 시카고와 로스앤젤레스처럼 대규모 교육구뿐 아니라 하트포드와 매사추세츠 주의 로렌스(선생님도 아실지 모르겠습니다만 이곳 역시 소수민족이 압도적으로 많은 지역이지요)처럼 비교적 작은 규모의 교육구에서도 사용됩니다.

이 방법이 실제로 효과가 있다면 그게 아무리 제 마음에 들지 않는다 해도 거부감을 잠시 접고(아마 제가 이러면 선생님은 무척 실망하시겠지요) 이렇게 말하겠습니다.

"좋습니다, 그래야 한다면 그렇게 하십시오."

그러나 문제는 학급에서 가장 점수가 낮은 아이들을 제외하고는 그 방법이 효과가 없다는 것입니다. 그리고 심지어 그렇게 해서 이뤄낸 성적 향상 역시 오래가지 않는다는 것입니다. 게다가 이것은 시험 성적의 향상일 뿐이지 학습 능력의 향상은 아닙니다. 그들의 학습 능력이 향상되었다면 그 효과가 중학교까지 지속될 것입니다. 하지만 제가 이 아이들 중 여러 명을 추적하여 중학교와 고등학교에 가본 결과 이렇게 억지로 얻은 향상이 얼마나 빨리 사라지는지 알게 되었습니다.

"4학년 소수 인종 학생들의 성적 급등."

소수 인종의 시험 성적이 조금만 올라도 신문에서 이런 헤드라인을 접하게 됩니다. 하지만 4년 후 8학년에서 같은 아이들을 만났을 때 그 아이들 대부분은 조리 있는 문장 하나 쓰지 못하고 간단한 글조차 이해하지 못합니다. 몇몇은 단어를 발음하기는 하나, 이해하지 못하는 듯 아무런 감흥 없이 단조로운 목소리로 글을 읽습니다. 마치 인조인간이 생각이 담기지 않은 인공적인 단어들을 읽는 것처럼 들리지요.

중학교 선생님들이 실망을 토로하시듯, 이 아이들 중 대다수는 초등학교에서 예리한 질문을 하거나 복잡한 개념을 분석하고 비판하는 능력을 배우지 못하고 올라왔기 때문에 건설적으로 학급 토론에 참여하지 못한다고 합니다. 교외 지역의 아이들은 실상에 대해 생각하고 질문하는 것을 배우지만, 도심의 아이들은 생각 없이 묵종하도록 훈련받습니다. 하나의 인종과 사회 계층만이 아이디어 탐구와 정치적 식견, 그리고 미래의 경제력 등을 위해 교육받습니다. 프란체스카 선생님, 이런 경향이 더 오래 계속된다면 이미 미국 내에 나타나는 이 거대한 양극화 현상은 점점 더 심해질 것입니다.

이 방법의 옹호자들은 오랜 기간 권력 있는 자리에서 도심부 학교 교육에 막대한 영향을 미쳐왔습니다. 이미 1995년부터 뉴욕 같은 도시들에서 시행되어왔던 이런 관행은 '한 아이도 뒤처져서는 안 된다(No Child Left Behind. 2001년에 통과된 미국의 교육개혁법)'는 연방법 통과의 전조가 되었습니다. 그러나 "모든 아이들에게는 잠재력이 있다!"나 "모든 아이들은 성취할 수 있다!" 등과 같은 이 모든 과대 선전과 슬로건, 그리고 마치 늦은 밤 TV에서 신비의 체중 감량 프로그램을 판매하는 사람들처럼 과장 광고를 해가며 기계적인 훈련을 통한 교수법을 부풀려 허풍을 떨며 몇 년을 지내고 보니 12학년 흑인과 히스패닉 학생의 평균적 읽기 능력은 보통의 7학년 백인 학생 수준밖에 되지 못하는 실정입니다.

충격적인 이런 통계조차 중등학교 학생들의 학력 격차의 실상을 제대로 보여주는 것은 아닙니다. 왜냐하면 중학교 과정이 시작되기 전에 사라지는 수많은 흑인과 히스패닉 학생들은 이 통계에 포함되지 않았기 때문이지요. 특히 흑인 남학생의 경우 졸업하지 못한 학생의 비율을 놓고 볼 때 상황이 '개선되지 않은' 정도에 그치는 것이 아니라 악화된 듯합니다. 미국의 전체 흑인 남학생들 중 10퍼센트가 등록되어 있는 뉴욕 시와 시카고의 경우 9학년 학생 중 70퍼센트가 넘는 학생이 4년 뒤에 12학년을 수료하지 못하여 졸업을 못 하는 실정입니다.

이런 통계는 그저 나쁜 정도가 아니라 재난에 가깝습니다. 고부담 시험과 B. F. 스키너의 쥐 행동 심리학을 모델로 한 교수법 (수많은 도심부 학교에서 어쩔 수 없이 사용하는)이 평등한 기회를 대신할 수 있는 효과적인 방법이라 여기는 사람들은 우리가 모르는 무언가를 아는 듯했으나 결국 이를 입증하는 데 실패했습니다. 그들이 틀렸다는 게 드러나고 있습니다.

최근 몇 년간 유색 인종 아이들이 입은 심각한 손실은 입학하기가 무척 어려운 스토이베산트 고등학교〔뉴욕 시의 공립학교들 중 최고의 명문학교로 꼽힘〕같은 명문 중등학교의 입학률을 보면 분명하게 드러납니다. 이 학교는 1980년대 초 흑인 학생 입학률이 13퍼센트였던 것이 현재는 겨우 2퍼센트밖에 되지 않습니다. 도시의 가장 가난하고 가장 인종 분리가 심한 지역의 아이들이 다니는 초등학교에서 가혹한 시험 훈련 교수법이 시행된 뒤부터 스토이베산트 고등학교에 입학하는 흑인 학생 수는 절반으로 줄어들었습니다. 대체 시험을 봐야 한다고 주장하는 사람들은 자신의 생각을 철저하게 재검토해본 적이 있기나 한 걸까요? 그런 것 같지 않습니다.

부시 대통령과 그의 참모들은 첫 임기 중에, 고부담 시험에 반대하는 교사들은 지적·윤리적 이유에서가 아니라 자신의 성공이나 실패가 평가되는 것이 두렵기 때문에 학생에 대한 "정확한 평가를 반대하는" 것이라고 비난했습니다. 백악관에서 흔히 해왔듯이 말이죠. 이런 무분별한 비난은 제대로 알지도 못한 채 덮어놓고 혐오하는 전형적인 예입니다. 이 나라의 교사들에 대한 대통령의 태도가 드러나는 대목이지요. 사실은 이렇습니다. 대부분의 공립학교 교사들은 시험이 진정으로 아이들의 학습 능력을 진단하고 아이들에게 가장 부족한 영역을 짚어준다면 시험에 반대하지 않을 것입니다. 그러나 고부담 시험의 경우는 그렇지 못합니다. 아이들에게 도움이 되고 아이들 생활과 직접 연관된 것은 거의 아무것도 알려주지 않습니다. 대신 아이나 학급, 학교에 '성공' 또는 '실패'의 딱지를 붙이는 데 이용되지요.

지난달, 저는 선생님이 한 아이 옆에 앉아서 그 아이가 어려워하는 영역이 무엇인지 기록하는 진단 테스트를 하는 것을 지켜보았습니다. 선생님이 설명하셨듯이 개인 교수 시간에 그 부분을 집중적으로 가르치기 위한 테스트였지요. 이 테스트의 과정에는 아이를 겁먹게 하는 요소가 전혀 없었습니다. 오히려 그 아이는 선생님과 단둘이 그렇게 많은 시간을 함께할 수 있다는 게 즐거워 보였습니다. 그리고 그 테스트는 국가에서 강제로 시행하는 표준화 시험과는 달리 수업의 일부이므로 시험으로 인해 수업 시간이 줄어들지 않습니다. 이 테스트를 하는 동안 선생님과 아이는 학습을 했던 셈이지요.

저는 교외 학교의 선생님들이 1학년 학생들에게 이와 같은 테스트를 시행하는 것을 보았습니다. 거기에서도 테스트 과정은 교육적으로 편안하게 진행되었고, 시험 결과에 대한 긴장이나 불안이 전혀 없었습니다. 그리고 그 결과는 곧 유용하게 사용되었습니다. 그러나 표준화 시험의 경우는 다릅니다. 이 시험의 골수 옹호자들은 이상하게도 이런 사실을 모르는 듯합니다.

그들은 "우리가 원하는 것은 오로지 교사가 학생의 문제를 인식하여 거기에 더 많은 관심을 쏟도록 돕는 것"이라고 말합니다. 이런 말을 하다니 정부의 고위 관료들은 정말 교실의 현실과 동떨어져 있는 것 같습니다. 대부분의 지역에서 고부담 시험은 겨울의 끝자락에 치러집니다. 하지만 시험 결과는 교사들이 활용할 수 있도록 제 시간에 나오지 않습니다. 시험 결과는 아무리 빨라야 보통 6월 마지막 주가 되어서야 도착합니다. (7월 중순경 제가 뉴욕의 어느 학교에 있을 때 시험 결과가 도착하더군요. 그때 저와 함께 있던 교장선생님은 5개월 전에 치른 시험 결과를 처음 보았다고 말씀하셨지요. 수많은 도심 지역에서는 겨울에 치른 시험 결과가 8월 말이 되어서야 도착합니다.) 이렇게 뒤늦게 도착한 시험 결과로 교사는 무엇을 할 수 있을까요? 아이들에게 지난해 겨울에 열심히 노력하지 않았음을 알리는 엽서를 보내야 할까요?

우리가 보수주의자들에게서 듣는 여러 다른 비난들에서도 그들이 요즘 학교의 실상에 대한 정보가 부족하고 실제로 학교에서 어떤 일이 벌어지는지 모른다는 게 드러납니다. 예를 들어, 공립학교 교사들이 어떤 종류의 시험에도 반대한다고 틀린 주장을 하는 이들 대부분은 또 대부분의 교사들은 파닉스를 수업의 일부로 활용하는 것에 반대한다는 잘못된 추측을 합니다. 사실 이것은 공립학교 비판자들이 거의 예배를 드리듯 늘 중요하게 지적해온 문제입니다.

보수주의자들의 생각에 파닉스가 마법의 단어일지 모르겠지만, 프란체스카 선생님, 선생님도 아시다시피 이것은 또 하나의 무식한 비난입니다. 우리 초등학교의 대다수 선생님들은 아이에게 필요한 경우에 발음 중심의 어학 교수법을 체계적이고 일관되게 가르치는 것은 단지 유익할 뿐 아니라 꼭 필요한 일이라고 생각합니다. 대부분의 시간을 수업 준비에 쏟는 열성적인 교사들은 아이가 흥미로워하거나 의미를 지닌 문맥과는 상관없이 음성학적 기술만을 따로 떼어내어 학습시키는 기계적인 발음 학습법에 의존하기보다 학생들이 최초로 지은 글이나 학생들이 좋아하는 그림책에서 발음 학습의 요소를 찾아내어 가르칩니다. 그러나 이 것이 그럴 필요가 있다고 판단하는 경우에도 파닉스를 체계적으로 활용하는 것에 반대한다는 의미는 아닙니다.

제가 방문하는 비교적 좋은 초등학교들에서는 발음하는 법을 가르치는 것과 독해력을 신장시키는 것, 아이들에게 매력적이고 좋은 문학 작품을 접하게 하는 것, 아이들에게 자신의 언어로 생각을 써보게 하는 것들이 절묘한 균형을 이루고 있습니다. 그러나 이런 균형 잡힌 교수법에는 관심이 없고 파닉스는 (아이들이 이미 기본적인 자음과 모음의 발음을 알건 모르건) 모든 아이들이 삼켜야 하는 일종의 쓴 약이라고 확신하는 수많은 파닉스 지지자들이 있다는 것을 신참 교사들은 곧 알게 될 것입니다.

언젠가 이 사람들 중 한 사람에 대해 말씀드린 적이 있었지요. 제가 '열광적인 신도'라 부르는, 중년을 훌쩍 넘긴 그 여성은 이해할 수 없게도 저의 팬이라 주장하며 피닉스 시에서 제가 한 거의 모든 강연과 근처 템플대학에서 한 강연을 들으러 왔습니다.

강연이 끝나면 강연의 주제에 상관없이 그녀는 저한테 다가와 '파닉스'가 제가 제기한 모든 문제의 유일한 해결책이라는 것을 몰랐냐며 힐책했습니다. 심지어 언젠가 제가 노숙자에 관한 강연을 했을 때에도 그러더라니까요! 그녀는 제가 그녀의 육필로 쓴 긴 편지에 답장하는 것에 지쳐버린 뒤에도 계속해서 제 연구 조교에게 편지를 보내왔는데, 연구 조교는 그녀를 "피닉스의 파닉스 광신도"라 불렀답니다. 우리가 아무리 그녀를 단념시키려 애써도 그녀는 계속해서 편지를 보내왔지요.

도시의 교사들에게 언어 교육의 다른 모든 측면을 무시하고 "파닉스를 사용하라"는 현대의 압력은 대부분 근대 이후의 이 같은 광신적 경향에서 비롯되었습니다. 엄격한 파닉스 옹호자들은 선생님이 사용하시고 선생님 학교의 교장선생님께서도 지지하시는 절충적 방법을 "비과학적"이라거나 "지나치게 생략된 형식"이라거나 "연구에 근거하지 않은 교수법"이라고 일축합니다. (실제로 아이들이 좋아하는 교수법을 이런 이유를 들어가며 반사적으로 불신하는 그들의 엄격한 말을 들을 때면 저 역시 애처로운 느낌이 듭니다. 그러나 그건 전혀 별개의 문제입니다.)

선생님이 지난번 편지의 말미에 제기하신 견해는 현재 연방 정부와 대부분의 주 정부의 관점에서 보면 불경스러운 것입니다. 도시의 학교들을 관할하는 고위 관료 대부분은 표준 교과 내용 집필자들과 성적 책임 전문가들이 만들어내는 자료 일체는 전적으로 지식인들의 일이라고 생각합니다.

선생님이 익살스럽게 말씀하셨듯이 이 모든 자료들 대부분은 아주 훌륭한 학자들이나 박식하고 존경받는 교사들이 집필한 것이 아니라 일류 대학에서는 좀처럼 자리를 얻지 못할 평범한 반(半)지성인이 집필한 것입니다. 투박한 문장과 자의적인 과장, 학습 과정의 모든 요소에 이름 붙이려는 강박적 욕구 등은 포용력 있는 지성인의 특징이 아니지요. 현명한 철학자, 훌륭한 과학자나 시인, 천재적인 수학자, 유능한 문학 비평가, 아동 발달 심리의 저명한 전문가라면 아이들의 삶과 그저 잘해야 억지 연관이 있고 대개의 경우 전혀 연관이 없는 인지 과정의 개별 요소에 번호를 매기고 이름을 붙이는 데 오랜 시간을 들이려 하지 않을 것입니다. 표준 편집물(Standards compilation)은 선생님의 표현대로 "영감이 아닌 의무감의 산물"입니다.

도심의 학교에서 교직을 시작하게 될 교사들은, 선생님으로 하여금 이런 표준 편집물과 이것들이 떠받치는 상부 구조인 고부담 시험을 회의적인 눈으로 볼 수 있게 해주었던 자신감을 가져야 합니다. 작가는 자신의 작품을 읽을 때 좋은 "탐지기"가 있어야 한다고 어니스트 헤밍웨이가 말한 적이 있습니다. 이 말을 우리 교사들에게 적용시켜보면 교사는 산더미 같은 주 교육부의 문서와 교육부의 시험 관련 지시 사항을 읽을 때 엄격한 비판 능력이 있어야 한다고 말할 수 있겠네요. 교사들이 정말로 원하는 것은 다음날 아침 학급 학생들이 즐거워할 좋은 수업을 준비하는 것뿐인데, 밤늦은 시간에 이런 문서들을 식탁에 늘어놓아야 하는 실정이지요.

프란체스카 선생님, 저는 고부담 시험에 반대하는 교사들이 시험에 대해 아무리 강한 반발감을 갖고 있다 하더라도 단순히 '모든 것을 거부할' 권리는 없다는 선생님의 현실적인 관점에 동의합니다. 선생님도 피력하셨듯이 학생들은 그들이 받는 성적에 의해 '평가되고 분류되기' 때문입니다. 그래서 교사들이 직면하는 수많은 다른 상황에서와 마찬가지로, 이 문제에서도 교사는 자신의 깊은 신념과 현실적인 필요 사이에 균형을 맞춰야 합니다. 그래야만 교육 기관이 학생들에게 내리려는 제재와 오명에서 학생들을 보호할 수 있으니까요.

그러나 교육자라면 누구나 알듯이 시험을 통해서는 읽기나 쓰기나 그 외의 기본적인 기능을 가르칠 수 없습니다. 그 일은 오로지 노력하는 좋은 교사만이 해낼 수 있는 것이지요. 그리고 교사들에게 '전문가'의 어휘를 강요함으로써 그들의 주체성을 빼앗으려 하지 않을 때, 그리고 그들의 지성을 존중할 때에만 교사는 그 일을 잘 해낼 수 있습니다. 교사는 이런 미친 짓에 반대할 의지를 가지고 있어야 합니다. 최소한 교사는 자신이 담당하는 모든 아이들에게 고부담 시험은 기껏해야 어쩔 수 없이 참여해야 하는 고약한 게임일 뿐이며, 학생들의 지성과 인격, 그리고 잠재력에 대한 우리의 평가는 학생들을 만난 적도 없고 교육자도 아닌 2천~4천 킬로미터나 떨어진 시험 성적 공장에서 일하는 사람이 만들어낸 성적표의 숫자와는 아무런 연관이 없다는 사실을 분명히 알려줘야 합니다.

이렇게 무자비한 말까지 하고 싶지는 않았습니다만, 그러지 못한다면 교사는 교실에 남아 있어서는 안 됩니다. 교사가 무능력하고 불안정한 윗분들의 터무니없는 명령에 비굴하게 항복한다면 이런 태도는 아이들에게 전염될 테니까요. 이런 습관이 우리 아이들에게 전해지도록 그냥 묵인해서는 안 될 것입니다.

11 가장 위험한 최악의 아이디어

―교육 바우처(Education Voucher)와 공립학교의 민영화

프란체스카 선생님

최근 편지에서 선생님은 고부담 시험을 "일종의 수치감을 느끼게 하는 의식(儀式)"이라 하시며 비난하셨습니다. 그 시험은 공립학교를 개선할 의도에서 만들어졌다기보다 공립학교를 지속적인 모욕에 노출시켜 공교육이 민중의 필요를 충족시키는 적절한 도구라는 생각에 의혹을 드리우기 위해 이용되는 게 분명하다고 말씀하셨지요.

저도 선생님의 생각에 동의합니다. 대단히 가혹하고 판단적인 성격의 표준화 시험이 흔히 교육계에도 시장 경쟁을 도입하려는 자들에 의해 가장 적극적으로 추진되어왔다는 것은 우연이 아닌 듯합니다. 이들의 궁극적인 목적은 이 나라에 바우처 시스템〔모든 학령 아동의 부모들이 교육 예산 가운데 자기의 몫을 정부에서 발행한 교육 바우처로 받아, 가고 싶은 학교에 교육비 대신 내는 제도〕을 확립하는 것입니다.

제 생각에 바우처는 교육 담론의 장으로 들어온 아이디어 가

운데 가장 위험한 최악의 아이디어입니다. 이 아이디어를 가장 열렬하게 지지하는 자들은 공교육을 '소비에트식' 또는 '사회주의식' 체제라고 일컬으며 공교육에 대한 혐오감을 드러냅니다. 이들은 공공자금이 학교로 가는 대신에 개개인이 공립학교에서든 사립 교육 기관에서든 자유로이 그 자금을 쓸 수 있도록 개인에게 주어져야 한다고 주장합니다.

현재 바우처 옹호자들은 공립학교의 실패율이 아주 높은 극빈 지역에 거주하는 아이들에게 초점을 맞추고 있습니다. 이들은 자신들의 요구가 학교의 재원이 충분하고 대체로 아이들의 성적이 좋은 교외 지역의 학부모들 대부분에게 거부되리라는 것을 알기 때문입니다. 요구 대상을 불평등한 분리 교육의 고질적인 결과(그러나 바우처 시스템 지지자들은 역사적으로 이런 부당함을 해소하려는 노력을 전혀 하지 않았습니다)를 겪고 있는 아이들에게로 좁히고 나서, 이들은 이 학부모들을 유혹하는 갖가지 주장을 펼칩니다. 그 주장에서 사유 시장 체제(private market system)는 이들이 '국가 독점'이라 부르는 것의 폐해에서 탈출할 수 있는 길로 제시되지요.

일부 바우처 지지자들이 주장을 펴는 가장 물리치기 어려운 방식 가운데 하나는 가난한 지역의 학부모에게 바우처가 자기 아이들을 부잣집 아이들이 다니는 사립학교에 보낼 수 있게 해줄 것이라는 그릇된 인상을 주는 것입니다. "부자들은 이런 학교들을 선택할 수 있는데, 왜 당신들은 그런 선택을 할 수 없는 것이죠?"라고 하면서 말이지요. 이들은 마음을 꾀는 이런 주장이 터무니없는 오해를 하게 만든다는 것을 알면서도 그러고 있습니다. 현재 도심 학교의 학생 1인당 지출비와 같은 액수의 바우처로는 기껏해야 특권층이 다니는 사립학교 학비의 4분의 1 또는 3분의 1밖에 지불할 수 없을 것입니다.

사유 시장(private market) 옹호자들이 흔히 내세우는 또 하나의 설득력 없는 주장은 (적어도 가난한 사람들한테 말할 때만은 이렇게 주장하지요) 바우처를 받는 학교는 입학 정책에서 모든 경제 수준의 아이들과 모든 능력 수준의 아이들에게 열려 있으며 일정 지역의 이른바 '영리한(savvy)' 부모의 아이들을 선호하지 않는다는 것입니다. 바우처를 받는 학교는 더욱 의욕적인 부모의 더욱 성공적인 아이들을 선발할 것이고 공립학교는 더 많은 문제를 지닌 아이들과 아이들을 위해 해줄 것이 없는 부모를 둔 아이들만이 다니게 될 것이라는 일반적인 비난을 잠재우기 위해서라도 그들은 이렇게 주장할 수밖에 없겠지요. 그들은 이런 이유를 들어가며 바우처를 받는 사립학교의 입학 전형에서 엄격한 선발이 있을 거라는 주장을 격렬히 부인하는 것입니다.

그러나 선생님도 저도 잘 알듯이 현 공교육 시스템에서조차, 그리고 분명한 선발 절차가 없는 학교에서조차 자체 선발이 이루어져, 더 유능한 부모의 아이들이 같은 지역의 다른 아이들보다 더 좋은 학교에 들어갈 확률이 더 높습니다. 거의 모든 경우 좋은 공립학교의 수는 제한되어 있으므로 이런 학교에 대해 먼저 알고 입학 전형을 성공적으로 통과하는 사람들은 좀 더 적극적이고 좀 더 정보가 많은 부모를 둔 아이들입니다. 대개 이들은 헤드스타트[1964년에 시작한 미국의 '취학 전 빈곤층 아동 교육 프로그램'으로 빈곤 아동이 일반 아동에 비해 학습과 신체 능력이 뒤지는 것을 보완하려고 취학 전 빈곤 아동에게 학교 교육에 필수적인 기본 소양을 지도하여 인지 능력을 향상시키기 위해 제공하는 프로그램]의 공석이 거의 없는 지역에서 자신의 아이들을 헤드스타트에 넣는 법을 아는 사람들이자, 그들 자신도 다른 학부모에 비해 더 많은 교육을 받은 사람들이거나 더 부지런한 사람들이고, 가난한 지역의 학부모이면서도 학교의 안정과 자원 봉사 참여를 가져다줄 수 있는 가족을 유치하려고 노력하는 교장이 환영하는, 심지어 알랑거리는 대상이 되는 사람들입니다.

대부분의 주에서 바우처 제도가 아직 도입되지 않았음에도 여러 도시에 있는 반(半)사립 형태의 차터스쿨은 학생들의 빈곤 수준이 같은 지역의 일반 공립학교에 다니는 학생들의 빈곤 수준과 다르지 않다고 주장합니다. 아울러 그 학교들은 자신들의 입학 전형은 선발식이 아니며 추첨 방식으로 수많은 지원자를 추려낸다고 강조합니다. 그러나 제가 사우스브롱크스에서 어느 차터스쿨의 교장선생님께 학부모들이 입학하기 위해 추첨에 참여해야 하는 것이며 지원 마감일 같은 것을 어떻게 아느냐고 물었을 때 그분은 이렇게 대답하셨지요. 대부분의 학부모들은 "입소문으로 우리 학교의 정보를 전해 듣거나 신문에서 읽습니다."(《뉴욕타임스》에 이따금 그 학교에 관한 호의적인 기사가 실리곤 했지만, 사우스브롱크스에는 《뉴욕타임스》가 널리 판매되지 않기 때문에 그 지역 사람들 대부분은 그 신문을 읽지 못하는 실정입니다.)

게다가 그 학교를 방문했을 때 저는 그렇게 많은 아이들이 의사의 처방전에 의거해 새로 맞춘 안경과 멋진 새 가방을 메고 그렇게 잘 준비된 모습으로 학교에 오는 것을 사우스브롱크스의 어느 학교에서도 본 적이 없었습니다. 다른 도시의 차터스쿨에서 보았던 것과 같은 그런 특별함을 발견했던 것이지요.

성 안나 교회의 마사 오버롤 목사님은 제 책 《놀라운 은총》의 배경이 된 동네에서 방과 후 프로그램을 운영하십니다. 파인애플과 그애의 수많은 학교 친구들은 그곳에서 대부분의 시간을 보내지요. 그 목사님은 제게 자주 이런 말씀을 하신답니다. '가난'처럼 투명해 보이는 단어가 가난한 지역에 사는 학부모들 사이에 엄연히 존재하는 정신 상태와 판단 준거의 중요한 차이를 감춰버릴 수 있다고 말이지요.

그분이 지적하셨듯이 아주 가난한 학부모들 사이에서조차 "정보력", "적극성", "연줄" 등에 차이가 있습니다. 이런 사실은 빈곤 통계에서는 결코 나타나지 않지요. 그분이 말씀하시기를 당신이 돌보는 아이들의 부모들 대부분은 이따금 언론의 찬사를 받곤 하는 차터스쿨에 대해 들어본 적이 없다고 하십니다. 그분이 이 학교들 중 한 곳을 언급하기라도 하면 그들은 '제가 앤도버(Andover)나 그로톤(Groton)〔미국 명문 사립학교〕에 대해 말할 때 그들이 제게 보냈을 그런 눈빛으로' 그분을 바라본다고 하셨어요.

그런데도 바우처 옹호자들은 일단 바우처 시스템의 시장 메커니즘과 그들이 이 메커니즘이 필연적으로 가져올 것이라 믿는 '합리적 의사 결정'이 완전히 실행되면 자체 선발의 어떤 어려움도 더는 실질적인 문제가 되지 않을 것이라고 주장합니다. 파인애플, 아리엘, 레지널드 같은 아이들과 이 아이들의 부모가 사는 실제 세계를 전혀 감안하지 않은 듯 보이는 이런 가정에는 맹신에 가까운 요소가 있습니다. 바우처 옹호자들은 충분한 정보가 없어 위험한 결정을 하게 되거나 개인적인 생활고에 허덕이는 부모의 경우 아예 결정을 하지 못하게 되리라는 어떠한 증거도 그것이 그들의 믿음이나 정책 목표, 또는 변론에 도움이 되지 않기 때문에 받아들이려 하지 않는다는 것을 우리는 감지할 수 있습니다.

가장 영향력 있는 바우처 지지자들 가운데 한 명이자 한 사교육 기업의 회장인 존 첩(John Chubb) 씨는, 이 아이들을 위해 날마다 분투하는 오버롤 목사님 같은 분들(이분들은 도심의 빈민 거주지에 사는 아이들이 겪는 고통을 낭만적으로 표현해가며 이들의 부모에게 점수를 딸 필요가 없지요)에 맞서 자신을 빈민의 보호자라고 주장합니다.

"가난한 아이들의 부모가 바우처를 이용할 수 있게 된다면 그 민중은 반드시 자기가 가고 싶은 학교를 선택할 수 있게 될 겁니다."

《뉴욕타임스》와의 인터뷰에서 첩 씨는 이렇게 말했지요. 거기에 더해 그는 그의 생각에 동의하지 않는 사람들이 빈곤층 부모는 "너무 멍청해서" 자기 아이들이 입학하기를 바라는 학교를 고를 수 없다고 말하면서 빈민을 무시한다고 주장합니다.

첩 씨는 수많은 바우처 옹호자들처럼 논쟁에 일가견이 있습니다. 그러나 그가 "그 민중"이라고 일컫는 수많은 빈곤층 부모들이 특정 사립학교나 차터스쿨에 들어가기 위한 추첨 같은 정보에 대해 알고, 면접 약속을 잡고 학교에서 약속 확인 전화를 받고(사우스브롱크스의 내가 아는 수많은 가정에는 작동되는 전화가 없습니다), 약속된 날에 약속 장소에 가고, 그 학교가 추구하는 교육의 장점에 대해 충분히 알고 결정하기가 얼마나 어려운지 그는 전혀 알지 못하는 것 같습니다.

게다가 바우처 옹호자들은 서슴지 않고 여기서 했던 주장을 저기서 뒤집는 식의 모순된 주장을 합니다. 《뉴욕타임스》와 한 인터뷰보다 더 솔직한 성명서에서 그는 이렇게 말합니다. 공립학교의 단점 가운데 하나는 "학교에 온 아이는 누구든 받아야 하므로 학생을 고르는 호사를 누릴 수 없다는 점입니다." 바우처 시스템이 실행되면 "다양한 아이들을 다양하게 가르치는 다양한 학교들이 밤하늘의 별처럼 무리지어 등장하게 될 것입니다." 그리고 사교육 시장(private education market)을 지지하는 책에서, 그는 "학교는 자체적으로 타당하다고 생각하는 기준—지능, 흥미, 동기, 행동, 특별한 욕구 등—에 따라 그 학교가 원하는 학생들을 필요한 수만큼 자유로이 받을 수 있어야 한다"고 주장합니다.

시장 체제에서 학교 선택권은 오직 일부만 빈곤층 학부모에게 돌아갑니다. 최종 선택은 학교를 소유하거나 운영하는 사람들이 하게 될 것입니다. 이는 대부분의 바우처 옹호자들이 대중의 지지를 얻으려 할 때 전개하는 주장과는 상당히 다른 학교 선택권에 대한 생각입니다. 그러나 이것은 그들이 말하는 대상이 어떤 사람들이냐에 따라 달라지는 주장들의 여러 모순 가운데 하나에 불과합니다.

예를 들어 바우처 수령인들이 다니게 될 학교에 대한 시나리오를 말할 때 흔히 바우처 옹호자들은 시장 경쟁 체제에서 융성하게 될 사립학교의 예로 가톨릭계 학교를 꼽는 반면 그들이 지지하는 시스템의 수혜자로서 사기업(private corporation)이 운영하는 수익 추구형 학교에 대해 언급하는 경우는 드물지요. 대신 이타적이고 고매하게 보이는 목표를 근거로 논의를 전개하기 위해 일반적으로 도심의 가톨릭계 학교 같은 이상적 동기를 택합니다.

그러나 투자자들을 대상으로 하는 글에서는 이 고매한 동기는 사라지고 바우처로 인해 얻을 수 있는 다른 이득을 갑자기 거론합니다. 이타적 목적이 전혀 다른 종류의 실용적인 관심사로 대체되는 것이지요.

몇 년 전, 월스트리트에서 일하는 제 친구가 제게 주식 시장 안내서를 건네주었는데 그걸 보니 몽고메리 시큐러티라는 투자 금융회사의 애널리스트(투자분석가)들이 공립학교의 민영화로 투자자들이 얻을 수 있는 이익에 대해 설명해놓았더군요. 이 분석가들의 말에 따르면 "교육 산업은, 한때 공적 통제를 받았으나 자발적으로 개방하거나 사기업(private enterprise)에 문호를 개방하도록 강요된 여러 분야 가운데 마지막 남은 미개척 분야입니다." 그리고 그들은 이렇게 덧붙입니다. "교육 산업은 1907년대에 민영화된 의료 서비스 이래 가장 큰 투자 기회입니다."

이들은 사교육 회사들(private education companies)에 EMO[Education Management Organizations. 교육 관리 기구]라는 명칭을 붙여가며 대학 교육은 기업에 매력적인 투자 수익을 제공한다고 말합니다. 그리고 나서 공립 초등학교와 중등학교로 투자처를 옮기면 훨씬 더 큰 수익을 올리게 될 거라는 주제로 되돌아갑니다.

"더 큰 개발 기회는 사립초등학교 공급자(provider)들이 선도하는 K-12 EMO 시장에 있습니다."

그 공급자들은 "학교 바우처 같은 잠재적 행정 개혁을 활용할 수 있는 좋은 여건에 있습니다"라고 강조합니다.

이 투자 분석가들 중 어떤 이는 현재 바우처 체제가 아직 널리 시행되고 있지 않음에도 사기업들은 공립학교들을 관리하는 일을 시작하고 확장시키기 위해 이미 "외부 자본을 끌어들이고" 있다고 말합니다. 그는 선생님의 분노를 상당히 자극할 듯 여겨지는 표현을 써가며 이렇게 덧붙입니다.

"K-12 시장은 황금알을 낳는 거위입니다."

이처럼 탐욕스럽고 노골적인 언어는 바우처 옹호자들이 빈곤층 부모에게 말할 때 제시하는, 공공 복리를 중요하게 여기는 친절한 주장에서는 결코 들을 수 없는 것이지요. 빈곤층을 유인하기 위한 주장에서는 황금알을 욕망하는 영리 기업들에게 바우처가 새로운 "미개척 분야"를 열어줄 것이라는 가능성을 전혀 언급하지 않습니다. 파인애플, 아리엘, 도비, 샤니쿠아 같은 빈곤층 아이들은 정부의 재정난으로 그렇게 오랫동안 경시되고 축소되어 온 자신들의 운명이 갑자기 그렇게 커다란 욕망의 대상이 되었다는 것을 전혀 짐작하지 못했을 것입니다.

프란체스카 선생님, 이제부터 말씀드리려는 주제는 굉장히 민감한 사안입니다만 많은 가톨릭계 교육자들이 바우처를 지지함으로써 위험이 내포된 아이디어에 위엄을 부여한다는 사실을 감지하지 못하는 듯하여 안타깝습니다. 저와 이 문제를 논의했던 사려 깊은 가톨릭 신학자들 대부분은 이 위험을 크게 우려하지

153

요. 가톨릭 교회가 지원하는 바우처 시스템에서 결국 영리 기업들이 공공자금의 제일 큰 몫을 챙기게 될 것이라는 점만을 제가 걱정하는 것은 아닙니다. 다른 훨씬 더 큰 위험 요소가 있지요.

바우처가 가톨릭 교회에 의해 운영되는 학교에서 아이를 교육시키는 경비를 부담하는 데 사용될 수 있다면, 열광적인 이데올로기(ideologies)로 고취된 종교 집단을 포함하는 또 다른 교회나 모스크, 유대교회에서 운영하는 사립학교에 등록하는 경비로도 사용될 수 있을 것입니다. 게다가 은밀한, 또는 노골적인 인종주의적 동기로 설립된 종교 관련 학교도 있습니다. 예컨대 브라운(Brown) 판결 이후 10년 동안 남부 지방에 등장했던 인종 분리주의 학교〔브라운 대 교육위원회 판결 이후 법원의 명령으로 인종 통합 프로그램이 실시되자 백인들이 자신의 아이들을 위한 성역으로 설립했던 학교〕를 모델로 하고 흔히 교회를 기반으로 설립된 보수주의 백인계 학교가 있습니다. 바로 이 학교들이 1950년대에 처음으로 '바우처'라는 이름의 증서를 요구했습니다. 당시 이런 노력은 성공을 거두지 못했으나 오늘날 바우처 옹호자들에게는 대중의 기억에서 사라지기를 바라는 전례로 남아 있습니다.

종교와 완전히 분리된 이데올로기만으로도 기타 이익 집단—카리스마는 있지만 불공평한 백인 우월주의자 데이비드 듀크(David Duke), 호전적 생존주의자〔militant survivalists. 전쟁을 준비하여 살아남아야 한다고 주장하는 사람들〕, 유달리 유대인을 싫어하는 사람들

(또는 가톨릭교도를 싫어하는 사람들) 등 — 은 자신들의 특정 신념을 가르치는 사립 교육 기관에 공공자금 지원을 요구할 것입니다. 더욱이 이 집단들 가운데 가장 혐오스런 집단(언뜻 보아서는 이들의 이데올로기가 그다지 유독할 것 같지 않고 외견상으로는 존경할 만한 구석도 있어 보이지요)조차 각 지역에서 연합하여 바우처 시장으로 진입할 것입니다.

저는 바우처를 소수의 아이들에게 현 공교육 체제의 문제에서 탈출할 수 있는 비상구를 제공해줄 방법으로 보는, 소규모 가톨릭계 학교를 운영하는 제 친구들과 도심의 일부 흑인 운동가들이 '데이비드 듀크 학교(David Duke Academies)', '팻 로버트슨 학교(Pat Robertson Academies)', '루이스 파라칸(Louis Farrakhan Academies)', 그리고 기타 수많은 교육 기관들(바우처 시스템이 널리 시행될 경우 조세 재원의 바우처 시스템이라는 요술램프에서 거의 틀림없이 솟아오를 수많은 요정들)에 대해 좀 더 진지하게 생각해주었으면 하는 바람입니다. 이들은 파우스트식의 거래(물질적 이익을 위해 혼을 파는)를 하고 있고, 자신들이 악마와 거래한다는 것을 알게 될 것입니다.

드물지만, 바우처 옹호자들은 가증스런 이데올로기를 표방하는 학교들이 공공자금을 받지 못하도록 하기 위해 어느 정도 정부의 감독이 필요하다는 것을 시인합니다. 여기서 문제는 어떠한 감독 도구도 교수 과정에서 이데올로기나 편견이 깊숙이 박히는

155

수많은 방식을 통제할 수 없다는 것입니다. 제 생각에 대부분의 미국인들은 어떤 강제 수단을 쓴다 해도 교육은 완전히 불편부당할 수 없다는 사실(이 사실은 거의 모든 교사가 초기에 알아차리는 것이자 선생님과 제가 계속해서 되풀이해 말해온 것이기도 하지요)을 아주 잘 아는 것 같습니다.

그러므로 이런 교조적 요소를 제한하기 위해 정부가 아무리 열성적으로 노력한다 해도 학교의 이념이 학생들에게 전해지는 것을 통제하기는 불가능합니다. 그리하여 무제한의 바우처 시장에 진입한 집단들은 위험할 정도로 아이들의 편견에 영향을 끼칠 수 있습니다. 그리고 이미 물리적으로 나뉘어 서로 불신하고 두려워하는 집단들 사이의 분열을 심화시킬 수 있습니다. 우리는 뉴욕 같이 다인종 도시들에는 다양한 집단들 사이의 관계가 박약하다는 것을 압니다. 신념, 종교, 인종을 토대로 설립된 학교들이 납세자들의 지원을 받아 마구 생겨나 이런 분열을 공고히 하고 심화시킨다면 이 집단들 사이의 관계는 얼마나 더 약화될까요?

저와 오랜 친분이 있는, 매사추세츠 주의 어느 고등학교 교장 선생님은 제게 이런 말씀을 하시더군요. 오래전부터 극우파의 관심사였고 역사적으로 학교 통합을 노골적으로 반대해온 세력과 깊은 연관이 있는 바우처 같은 아이디어가 어떻게 오늘날 중요한 논의의 중심에 그토록 가까이 다가갈 수 있었는지 알 수가 없다고 말이지요.

이분의 의문에 대한 답 가운데 하나로, 제 생각에, 공교육 민영화 세력은 자신들이 시장 경쟁에 대해 감지한 장점을 철저히 지지하고, 주류 언론의 눈에 설득력 있게 보일 만큼 아주 솜씨 좋은 글을 써서 바우처 개념을 좋게 보이도록 하고 부활시키는 데 많은 노력을 기울여왔다는 것을 들 수 있습니다. 이런 글의 특징은 학술적인 사회과학의 객관성을 전달하려는 듯 냉철한 설명을 선호하고, 반대 관점에 있는 진보주의자의 글을 정중히 언급하여 관대한 체하고, 대부분의 독자들이 자세히 살피지 않을 뿐 아니라 그럴 필요조차 없어 보이는 복잡한 통계 자료를 여러 페이지에 걸쳐 제시함으로써 사실에 근거한 중요한 학술 저작물이라는 인상을 줍니다.

이런 침착한 논조의 글에 놀랍게도 저자의 편견이 드러나고 구체화된 선동적인 글이 끼여 있는 것을 흔히 볼 수 있습니다. 선생님도, 찰스 머리(Charles Murray)의 《벨 커브(The Bell Curve)》〔종형 곡선, 즉 '정규분포곡선'이라는 뜻〕를 읽을 때 이런 말씀을 하셨지요. 찰스 머리는 아주 교묘하고 가장 덜 모호한 바우처 옹호자들 가운데 한 명입니다. 선생님은 읽지 않으셨겠지만, 1980년대에 출간된 그의 전작 《퇴보(Losing Ground)》라는 책에서 그는 바우처를 옹호하는 광범위한 주장을 펼치며 바우처는 모든 아이들에게 공평하게 혜택을 주지는 못할 것임을 주저 없이 인정합니다. "부모가 유능하지 못한" 아이들은 결국 "나쁜 학교"에 가게 되거나 "아예 학교에 들어가지" 못할 것이라고 그는 말합니다. 교육을 받으려는 열의가 제일 적다고 평가된 아이들은 "도중에 낙오되어 그 시스템의 실패자가 되고 말 것입니다." 사람들이 책임 있는 결정을 해야 하고 정부가 사람들의 실수에 대해 보상하려 하지 않을 때, 아무리 안타까워도 고통스런 결과는 "자연스런 귀결"이라고 그는 믿습니다. "다른 사람들보다 능력이 출중한 사람들이 있습니다"라고 그는 결론을 내립니다. "이들은 더 큰 사회적 보상을 받을 가치가 있습니다."

영롱하게 반짝이는 보석과도 같은 이 무정한 이데올로기는 많은 바우처 옹호자들의 글에 활력을 불어넣고, 생각할 수 없는 아이디어를 생각하거나 말할 수 없는 신념을 말하기를 두려워하지 않는 신비로운 힘을 줍니다. 그러나 이 논쟁적인 구절들은 충격적이긴 해도 지적 실체처럼 보이는 더 큰 조직에 빠르게 흡수됩니다.

제가 사는 비교적 외떨어진 이곳 매사추세츠 북부에서조차 친구나 이웃들에게서 바우처 옹호자들의 주장 가운데 덜 선동적인 내용을 자주 듣게 되는 걸 보면 바우처 옹호자들이 자신들의 신념을 홍보하는 데 정말로 성공했다는 것을 인정하지 않을 수 없습니다. 이들은 대개 아주 부자도 아니고 아주 가난하지도 않지만 자신의 아이를 (국가 조직에서) 독립된 학교에 보내고 싶어 하며 다짜고짜 왜 정부에서 돈을 받아 마음에 드는 학교의 수업료를 낼 수 없느냐고 질문하곤 하지요. 그들은 교육비를 두 번(사립학교의 수업료를 지불할 때 한 번, 그리고 이용할 생각이 없는 공립학교를 지원하기 위한 세금으로 또 한 번) 내야 하는 게 과연 공정한 일이냐고 묻습니다. 이들의 생각은 자신의 아이들이 공립학교에 가지 않는다면 자신의 아이들이 다니는 학교에 수업료를 지불하기 위해 세금의 일부를 돌려받아야 한다는 것이지요.

외견상 상당히 순진한 요구처럼 보이는 이런 질문은 순전히 '바우처식 질문'입니다. 교육이 공공선으로 인식되지 않고, 오로지 개인적 편의를 위해 소비되는 개인적인 상품으로만 인식된다면 이중으로 교육비를 낸다고 생각하는 학부모와 논쟁하기는 아주 어렵습니다.

제게 이런 주장을 하는 학부모 가운데 한 분으로 제가 사는 곳에서 그리 멀지 않은 매사추세츠 이쪽 지방의 소도시에 살면서 자신의 딸을 기독교계 학교에 보내는 중산층 백인 여성을 예로 들어보겠습니다. (예전에는 남부에 많던 이런 학교들은 이제 전국적으로 꽤 많이 생겨났습니다.) 그분은 자신의 딸에게 헌신하고 교회에 봉사하는 독실한 신앙인이고 사회적으로는 보수파에 속하고 여러 면에서 호감이 가는 사람이지만 한 가지 문제에서만은 아주 강경하고 완고합니다. 그분은 딸의 교육을 자동차나 옷처럼 돈을 주고 구입하는 여느 물품과 같은 방식으로 생각합니다. 교육이 더 중요하다는 것 외에는 다를 게 없다고 생각하는 것이지요. 그

159

녀는 자동차를 구입하고 아이에게 드레스를 사주듯 일 년치 학비를 냅니다. 그녀는 다른 집 아이를 위해 드레스 값을 한 번 더 치르지 않습니다. 그런데 왜 자신의 딸이 지금은 다니지 않는 공립학교에 다니는 다른 아이를 위해 교육비를 한 번 더 치러야 할까 하고 그녀는 생각합니다.

이 여성(비즈니스 마인드를 내세우던 부시와 레이건 행정부 시절인 1980년대에 성장하여 세계를 거의 완전히 영리적이고 개인적인 관점에서 바라보는 세대의 학부모)과 같은 분에게 선생님은 어떻게 대답하시겠습니까?

그 여성이 종교를 믿는 분이니 저는 공립학교를 지원하는 것 ─세금 공제나 바우처 같은 것을 요구함으로써 공립학교 지원금을 줄이지 않는 것─은 기독교도의 행동 원칙이나 같은 도시(거의 완전히 공공 체제에 의존하는 흑인, 히스패닉, 라오스계 아이들이 점점 늘어나는)에 사는 가난한 아이들에 대한 책임감을 충족시켜줄 것이라는 논지를 펼 수 있습니다. 비록 그녀는 교회에 헌금을 내어 최근 이민자들 중 일부가 의존하고 있는 보호 시설과 무료 급식소를 도와주지만, 징세의 형태로 강요받지 않는 한 그런 책임감이 빈곤층 아이들의 공립학교 교육비를 부담하는 데까지는 미치지 못하리라는 것을 저는 압니다.

제가 그분에게 말씀드리고 싶은 요지는 이렇습니다. 공립학교 유지를 위해 세금을 낼 때 우리는 우리 자신을 위해 무언가를 구입하는 것이 아닙니다. 우리는 우리가 살고 있는 공동체와 주, 궁극적으로는 나라의 이익을 위해 돈을 지불하는 것이지요. 다시 말해 저는 그분에게 현재 심각한 문제에 직면했고 온갖 불평등을 견디는 공립학교에 대해 말씀드리고 싶습니다. 우리는 공립학교를 사회 구성원으로서의 도덕적 책무를 다하기 위한 도구(instrument of decency)로 바라보아야 합니다. 인정하건대 이 도덕적 책무는 현 공공 시스템의 여러 부문에서 실현되지 못하지만 오늘날 대부분의 미국인이 노력을 기울여 지켜낼 만한 가치가 있다고 열렬히 믿는 것입니다. 문제는 그 여성과 같은 시대에 성장하고 같은 믿음을 가진 사람들은 더는 공립학교를 그런 존재로 바라보지 않는다는 것입니다.

프란체스카 선생님, 제가 이 사실을 인정하기란 쉽지 않지만, 민영화 운동에 대한 대중의 의견이 차츰 바뀌어가는 것이 어느 정도는 우리의 잘못이라는 생각이 듭니다. 공립학교를 지지하면서도 근래에 다소 위축되어 우리 자신의 설득력 있는 견해를 피력하지 못했습니다. 우리 중 일부는 '방어적 흠잡기'나 바우처 옹호자들이 자주 내놓는 통계에 대한 성가신 트집 잡기라 부를 만한 행동을 하느라 너무 많은 시간을 낭비했습니다. 이를테면 우리는 바우처 옹호자들이 지지하는 사립학교나 혼합형 학교(hybrid schools)에 다니는 학생들의 학업 성취도가 더 높다는 주장의 허점을 지적하는 데 너무 많은 에너지를 낭비했습니다. 저는 우리가 목격해온 자체 선발이나 까다로운 입학 전형에 비춰볼 때 그런 학교의 학업 성취도가 높은 건 논의의 여지없이 당연한 것이라 생각합니다.

조직적인 종교뿐 아니라 모든 종류의 종교적 신앙에 거만한 적대심을 갖고 있는 좌파 지식인들은 이런 저의 생각을 언제나 달갑게 여기지만은 않습니다. 그러나 저는 솔직히 이 논의에 정신적이고 심지어 신학적인 부분이 있다고 생각합니다.

복음의 언어로 이야기하는 기독교 학교의 수많은 사람들은 복음의 실례로서 또는 유대-기독교적 행동 규범에 따라 입학생을 받을 계획이 없습니다. 그럴 경우 그들은 자식을 위해 적극적이고 영리하게 싸울 수 있는 부모를 가지지 못한 아이들에게 등을 돌리지 않을 것입니다. 저는 우익의 선동가들이 우리의 성경을 멋대로 도용하도록 내버려두어서는 안 된다고 생각합니다. 이스라엘의 선지자들과 예수님의 제자들은 억지 기술과 비정한 경쟁으로 거짓된 신을 만들지 않았습니다. '영리함(savviness)'은 그들의 임무가 아니었습니다. 우리는 미국인들에게 이런 사실을 상기시켜야 합니다.

다시 말해 우리는 종교인들이 흔히 지지하는 운동에 맞서 종교적 주장을 펴야 합니다. 사회진화론(Social Darwinism. 찰스 다윈의 자연선택설을 사회에 적용시킨 이론), 시장 경쟁, 인종 분리주의 운동가들을 향한 공공연한 호소, 모든 인종주의 단체의 편협한 자들을 향한 은밀한 호소 등을 모두 아우르려는 정치적 계획은 미국 사회의 근간을 이루는 종교적·신학적·도덕적 신념과 양립될 수 없습니다. 주류 교회들—가톨릭 교회를 제외한 대부분의 교회에서는 이 문제에 관해 제 의견과 같은 생각을 갖고 있습니다—은 용기를 내어 더 적극적으로 의사를 표명해야 할 것입니다.

우리 교사들도 좀 더 적극적으로 목소리를 내야 합니다. 제가 만났던 신규 교사들 중 일부는 현재 그들에 맞서 포진한 세력을 막연하게나마 압니다. 그들은 교실에 몹시 필요하지만 부족한 교육 자금 중 점점 더 많은 부분이 '한 아이도 뒤처져서는 안 된다 (No Child Left Behind)'는 지침을 지키기 위해 사설 기관을 고용하여 시험 준비를 시키는 데 유용된다고 비난합니다. 또 일부는 수많은 차터스쿨과 점점 많은 수의 도심부 공립학교들이 사기업에 의해 운영된다고 지적합니다. 그러나 이들 가운데 이런 경향들이 공교육을 전부 민영화하기 위한, 조직적이고 자금력 있는 장기 계획의 첫 걸음에 불과하다는 것을 아는 교사는 거의 없습니다.

이 교사들 중 이 전략들이 성공할 경우 결국 자기가 몸담은 직업의 성격이 완전히 바뀌게 되리라는 것을 아는 교사는 거의 없는 것 같습니다. 더는 교사의 임무는 현재 교사들이 생각하듯 '소명'이 아니라 기업의 일개 직원의 역할로 전락하게 될 것이고, 학생들은 더는 '우리가 가르치고 잘 알고 사랑하는 아이들'

이 아닌 우리의 '고객' 또는 '의뢰인'으로 간주될 것입니다.

　프란체스카 선생님, 언젠가 제가 이런 말씀을 드린 적이 있었지요. 제가 선생님과 비슷한 나이였을 때 저는 잠시 공교육의 민영화 개념을 지지하는 실수를 하면서도 저 자신을 퍽 똑똑한 사람이라고 생각했답니다. 그러나 관심과 노력의 초점을 공교육 체제에서의 집단적 투쟁에서 개인(뒤처지게 될 수많은 가난한 아이들보다 사회적·정신적으로 좀 더 유복한 아이들)의 이익으로 바꿔버린다면 어떤 피해가 생길지 곧 알게 되었습니다.

　저는 그 후 몇십 년 동안 그때의 실수를 후회해왔습니다. 프란체스카 선생님, 다행히 선생님은 후회할 일을 하지 않으셨어요. 이 점에서, 여러 다른 점에서도 마찬가지지만, 선생님이 저보다 훨씬 더 훌륭한 교사의 역할 모델이시지요. 겸손하셔서 그렇게 생각하거나 말씀하지 않으시겠지만 그게 사실임을 저는 압니다.

12 아이들에게 거짓말을 하는 것은 죄악입니다

친애하는 프란체스카 선생님

예프투셴코(Yevtushenko, 1933~. 러시아의 시인)의 시를 보내주셔서 감사해요.

"아이들에게 거짓말을 하지 말라. 나중에 거짓임을 알았을 때 아이들이 느낄 실망감을 생각해보라."

저는 특히 마지막 구절이 마음에 들었어요.

"어떤 실수도 용서하지 말라. 그러면 실수는 되풀이되고 점점 늘어나, 나중에 우리의 학생들은 우리가 용서한 것을 용서하지 않을 것이다."

이 시는 자연히 우리가 '인종 다양성(diversity)' 교육에 대해 이야기했던 것을 생각하게 하는군요. 그때 우리는 아이들에게 허위 사실을 가르치거나 아이들이 잘못 이해할 자료를 제시해놓고 뒤로 물러서서 그것이 아이들의 머릿속에 조용히 자리 잡도록 내버려둘 때 아이들이 어떤 손상을 입게 되는지 살펴보았지요.

10년 전쯤에 제임스 로웬(James Loewen)이라는 사람이《선생님이 가르쳐준 거짓말(Lies My Teacher Told Me)》이라는 책을 썼는데, 이 책의 최신 버전이 곧 나올 거라는 소문이 있더군요. 이 책이 출간되면, 꼭 필요한 책이 될 것입니다. 종전의 허위 사실(사회 교과서에 부지기수로 등장하는)이 아이들에게 여전히 유포되는 한편 새 허위 사실 또한 더욱 교묘하고 음험한 방식으로 확산되고 있기 때문입니다.

제가 어렸을 때부터 거의 바뀐 게 없는 사회 과목의 표준 주제〔standard themes. 주 정부에서 지정함〕가운데 하나를 예로 들어보면, 거대한 부정이 발생한 경우 미국의 통치 방식에는 법적 절차를 통해 교정할 수 있는 방법이 있다는 개념이 있습니다. 개인 또는, 차별 대우를 받는다고 여기는 개인들이 모여 이룬 집단은 이 개념에 의거해 법적 행위를 믿을 것입니다. 다시 말해 법정 소송에서 이기면 자신들이 용인할 수 없다고 믿는 조건이 바뀌리라고 믿는 것이지요.

우리 학생들이 나중에 이 체제가 실제로 작동하는 방식을 알게 되었을 때 그들에게 시민으로서 어떤 일도 할 수 없다는 무력감을 남기는 것은 이 개념 자체라기보다 그것이 제시되는 단순하기 짝이 없는 방식입니다. 입법부와 행정부의 정치적 책략에 의해 법적 판결이 얼마나 자주 방해받고 무효화되는지 언급하지 않고 그저 그 개념만을 제시하기 때문이지요.

이 이슈는 도심 학교의 아이들과 직접적인 연관이 있습니다. 선생님도 아시다시피 현재 여러 주에서 공립학교의 자금 지원에 대한 불평등에 이의를 제기하는 법적 소송이 진행 중입니다. 그 중에는 30년 전에 시작된 소송도 있습니다. 되풀이되는 일이지만 여러 해에 걸친 법적 소송이 성공적으로 끝난 뒤 지역 매체는 가난한 아이들을 위한 평등과 정의의 '완전히 새로운 질서'가 곧 도래하게 될 것임을 예고하지만, 거의 예외 없이 이 소송의 원고에 해당하는 학생들은 법적 승리가 그들로 하여금 기대하게 했던 혜택을 받지 못합니다. 해당 주(state)의 정치 세력이 뻔뻔하게도 법원의 명령을 이행하지 않기 때문이지요. 그러면서도 아무런 형벌도 받지 않습니다.

그 예로, 1990년대 초 오하이오 주에서 저소득층 지역 아이들을 위한 소송이 제소된 뒤 그 주의 대법원은 세 차례나 학교 재정 시스템이 주의 헌법에 위배된다고 판결을 내렸지만 주지사와 입법부는 이 판결을 따르기는커녕 조롱했습니다. 그러나 법정 모독죄로 소환되지도 않았지요. 콜럼버스〔미국 오하이오 주의 주도〕나 톨레도〔미국 오하이오 주 북서부에 있는 도시〕의 흑인 십대 청소년이 법원의 판결에 반항했다면 감옥에 가게 되었을 텐데 말이지요. 그러나 같은 행동을 하는 주지사에게는 그런 형벌이 주어지는 법이 없습니다.

1993년 뉴욕 주에서도 이와 비슷한 소송이 있었습니다. 뉴욕 시의 아이들을 위해 소송이 제소되었으나 10년 동안 판결이 나지 않았고, 법원은 불평등을 혹독하게 비판하는 판결을 내리면서도 주지사와 입법부에 1년의 유예 기간을 주었습니다. 1년 뒤인 2003년에도 주정부는 이행하지 않았고, 뉴욕 주 대법원은 예심 판결을 확정하면서 2004년까지 또 이행 시한을 연기해주었습니다. 주정부는 또 응하지 않았고 주지사는 상소했습니다. 또 한 차례의 소송과 연기가 있은 뒤 결국 2006년에는, 새로 구성된 법원과 정치 조직(주지사가 두 번 바뀜에 따라 변경된)은 사법부로 하여금 그 소송에서 손을 떼도록 했습니다. 시정 조치는 그때까지 몇십 년 동안 뉴욕 시 아이들에게 교육 자금을 충분히 제공하지 않은 그 행정부와 입법부의 몫으로 남겨둔 채 말이지요.

더 깨인 주지사와 입법부가 들어서서 이전의 주정부가 몇십 년 동안 이행하지 않았던 법원의 요구를 이행한다 하더라도, 이 소송이 제소되었을 때 어린아이였지만 지금은 더는 아이가 아닌 그 학생들에게 잃어버린 세월을 보상해줄 수는 없습니다. 법원은 아이들에게 어린 시절을 제대로 누리지 못한 것에 대한 보상을 하지 않으니까요.

뉴욕 시의 선생님들은 뉴욕 주가 사법부의 판결을 방해하며 그로 인해 그들의 학교가 피해를 입는 이야기를 저한테 자주 하십니다. 학생들에게 그런 이야기를 해주면 어떨까요? 보통 아주 지루하고 형식적으로 흐르기 쉬운 '정부의 삼권분립'에 대한 토론에 새로운 활력이 생길 것입니다. 교사가 신문에서 오려낸 이 주제에 관한 기사와 추가 자료를 수업 시간에 들고 들어가 학생들에게 그 개념에 대해 탐색할 생생한 기회를 제공할 수 있을 거예요. 학생들은 자신들을 기만하는 바로 그 주에서 제공한 교과서가 몹시 불완전하다는 사실 또한 알게 되겠지요.

프란체스카 선생님, 제가 지금 제안하는 것과 같은 수업은 초등학교 저학년 어린이에게는 적합하지 않으리라는 것을 저도 잘 압니다. 여러 가지 이유 가운데 하나로, 이런 복잡한 주제를 충분히 다루기 위해서는 굉장히 많은 읽기 자료가 필요하다는 것을 들 수 있습니다. 그렇다고 중학교나 고등학교 교사들에게 미국 민주주의의 근간이 되는 이상에 대한 학생들의 믿음을 훼손하는 파괴적이고 어리석은 방식으로 이 문제를 학생들에게 제시하라고 제안하는 것은 더더욱 아닙니다. 그러나 우리는 우리가 가르치는 학생들에게 이곳의 민주주의는 계속 발전하는 중이고 어른이 될 때까지 시민으로서 민주주의의 진보에 적극적인 역할을 할 수 있는 기술을 익히지 못한다면 불공평한 상황은 변하지 않으리라는 것을 알려줄 책임이 있습니다.

이런 수업을 할 때 학생들의 견해가 교사의 주장에 의해 압도되어버리지 않도록 하기 위한 방법에 대해 여러 선생님들이 제게 이야기해주십니다. 그 방법들 가운데 하나로, 교사가 많은 준비를 해야 하는 방법입니다만, 역사적 자료, 신문 기사, TV의 논설

방송 테이프, 공판 기록 등을 수집한 다음, 학생들에게 이 자료를 활용하여 교과서에 수록된 내용을 검토하고 분석하는 한편 그 내용과 자신이 실제로 경험한 것을 비교해볼 수 있도록 수업 계획을 짭니다.

그 예로 최근 플로리다 주에 있었던 일을 들 수 있겠네요. 유권자들이 공립학교의 학급당 인원수 감축을 요구하며 헌법 수정안을 통과시켰지요. 바우처와 고부담 시험에 찬성하고 학급당 인원수 감축에 반대해온, 플로리다 주지사 젭 부시〔Jeb Bush. 미 대통령 조지 부시의 동생〕는 그전에 그의 입법부 동지들과의 회의에서 이렇게 말했습니다. (우연히 그 자리에 기자 한 명이 있었지요.)

"수정안이 통과된다 해도 유권자들의 결정에 맞서기 위한 계획이 있습니다."

과연 수정안이 통과된 뒤 주지사와 입법부는 비록 그것이 그 주의 법률이 되었다고 해도 새로운 수정 법령을 준수하지 않을 것임을 분명히 했습니다.

《팜비치 포스트(The Palm Beach Post)》의 기사에 따르면, "2002년 이래" 공화당 지도자들은 그 수정 법령을 준수하려면 "너무 많은 비용이 든다"고 주장했다지요. 그리고 수정안 조항을 충족시키기 위한 학교 건설 자금에 예산을 할당하지 않았지요. 몇 년 후, "조세 수입이 넘쳐 몇십 억 흑자가 되었을 때" 그 신문은 같은 공화당 지도자들이 "새로운 이유"를 들어가며 법령을 무시하고 있다고 보도했습니다. "법령에서 요구하는 학교들을 정해진 기한 내에 건설할 수 없기 때문입니다"라고 했다지요.

《포스트》지에 따르면, 공화당 지도자들은 학급 규모를 늘리고 "둘 이상의 학급"이 "한 교실을 함께 사용"할 수 있도록 하는 법안을 입법부의 양원에 제출했다고 합니다. 주지사와 입법부가 아이들을 기만해왔다고 믿는 국회의원들 역시 그 주지사의 막강한 권력 때문에 주지사와 입법부가 헌법을 준수하게 하기 위한 소송을 제기하는 것을 꺼려합니다. "국회의원들을 제소하는 것과 미국 대통령의 동생을 제소하여 심기를 건드리는 것은 차원이 다른 문제이기 때문이다"라고 《포스트》지는 말합니다.

결국 입법부는 마지못해 이런 해결책을 내놓았습니다. 지금으로서는 '클래스 사이즈(Class size)'라는 말의 의미를 교실당 학생수라기보다 그 교실의 학생 대 교사의 비율이라고 재정의되어야 한다고 말이지요. 그러면 학교는 한 교실에 배치하는 교사의 수를 두 배 또는 세 배로 늘려서 한 교실에 소방법이 허용하는 한 최대 인원을 채워 넣을 수 있게 됩니다. 한편 입법부는 대부분의 사람들이 이해할 수 있을 만큼 진정한 의미의 학급 규모 감축을 위해 새 학교를 건설하는 데 필요하다고 경제학자들이 산출한 비용의 일부만을 할당했습니다.

프란체스카 선생님, 선생님이 플로리다 주에서 6학년이나 8학년을 가르치고 계시다면 선생님은 이 사례를 선생님의 학생들로 하여금 위 주장의 시비를 가리고 선출된 지도자들의 도덕성을 판단하게 할 절호의 기회라 여기실 것입니다. 선생님이 반 학생들과 이런 프로젝트를 해보시려면 아마 학생들에게 여러 지역의 학급 규모에 대한 양극단적인 상황을 나타내는 증거 자료를 제시하실 필요가 있습니다. 그러면 학생들은 32명, 35명, 40명의 아이들을 수용하는 교실(수많은 주의 도심부 학교(inner-city schools)의 상급 학년에는 흔한 일)이 미국의 표준이 아니며, 불가피한 것도 보편적인 것도 하늘이 내리신 것도 아니고, 가난한 아이들이 흔히 생각하는 것처럼 '그냥 그래야 하는 것'이거나 '모두 그러고 있는 것'이 아니라는 사실을 알게 될 것입니다.

학급 규모는 학생들의 학업 성취도와 관계가 없다고 주장하는 사람들을 언급하는 것도 좋은 방법입니다. 우리 학생들에게 그 사람들의 아이들이 다니는 학교의 학급 규모를 조사하게 할 수 있겠지요.

미국의 정책 입안자들 대부분이 거주하는 부유층 거주지에는 일반적으로 1학년이나 2학년의 경우 한 반에 겨우 16명 내지 18명이 배정되고 고등학교 학급도 정원이 20명을 넘지 않습니다. 앤도버나 엑스터 같은 뉴잉글랜드의 일류 사립학교의 경우에는 학급당 학생수가 12명 내지 15명에 불과합니다. 선생님도 아시다시피 부시 대통령도 앤도버를 다녔고 그의 동생과 그의 아버지도 같은 학교를 다녔습니다. 아주 작은 규모의 학급과 각 학생이 받는 개별적인 관심이 대통령의 아들이나 영향력 있는 기업 CEO의 딸에게 좋다면 마이애미 주의 극빈 여성의 아이에게도 여러모로 좋을 것이라고 학생들은 결론을 내리겠지요.

　제가 지금 마이애미 주의 교사들에게 학생들 앞에서 성을 내며 주지사와 주 입법부를 일방적으로 맹렬히 비난하라고 제안하는 것일까요? 절대 아닙니다. 이런 이슈를 제시할 때 어느 한쪽으로도 치우침 없이 공정하기 위해 교사들은 학생들에게 대조되는 자료를 제공하여 학생들로 하여금 자신의 결론을 끌어낼 수 있게 해야 합니다. 그렇다고 교사들이 자신의 생각을 숨기려고 애쓸 필요는 없다고 생각합니다. 오히려 교사는 분명하고 투명하게 자신의 생각을 밝혀 아이들로 하여금 교사가 말한 것을 판단하거나 반박하도록 해야 할 겁니다.

　교실에서 아이들과 논란의 여지가 많은 문제에 관해 토의할 때 제 주장을 분명히 하는 경우 가장 흔히 일어났던 결과는 제가 말씀드렸던 뉴욕의 마틴 루터 킹 학교에서처럼 교실에 분열이 생기는 것입니다. 학생들은 완전히 상반되는 처지에서 의견을 피력했고 몇몇 학생들은 상당한 열의와 지적인 총명함으로 자신의 생각을 펼쳐 보였습니다. 이런 수업은 결코 지루할 수가 없습니다. 도심의 고등학교 학생들은 대부분 수업 시간에 의자 깊숙이 기대 앉아 후드를 머리 위로 끌어올리고 수업에 전혀 참여하지 않으려고 합니다. 그러나 학생들 대다수가 참여하게 되는 이런 토의에서는 적어도 평소의 수동성에서 벗어나게 됩니다.

제 의견에 동의하지 않는 한 학생 또는 여러 학생들이 몹시 흥분하여 자신들의 의견을 무례에 가까울 정도로 강력하게 피력할 때에도 저는 모욕감을 느끼지 않습니다. (선생님도 고등학교 때의 경험을 통해 잘 아시겠지만 십대 아이들은 다른 사람을 무시하는 행동에 익숙하지요. 어깨를 으쓱하는 몸짓이며 한두 마디로 말을 자르는 것, 야유하고 비아냥대는 것 등) 저는 학생들이 이런 행동을 할 때에도 흐뭇하고, 이들의 반대하는 정신이 반갑습니다. 학생들이 지루해하거나 묵과하고 있지 않으며, 진정으로 생각한다는 것을 확실히 알게 되기 때문이지요.

프란체스카 선생님, 또 제 글이 너무 길어질 것 같군요. 학생들에게 거짓을 말하거나 최소한 알려야 할 내용을 알리지 않음으로써 위험한 상황을 초래하게 되는 몇 가지 사례를 가능한 간단히 말씀드리겠습니다.

이런 기만 가운데 제가 '격려성 거짓말(The Hortatory Lie)'이라 부르는 것이 있습니다. 이 '격려성 거짓말'은 극도로 인종 분리된 몇몇 공립학교의 아이들에게 그들의 학업 성취도는 온전히 그들 자신의 의지와 끈기와 인내의 문제이며 외부 세계—정부, 교육청, 그리고 그들이 중산층의 교육을 오염시키지 않도록 멀리 떼어놓기 위한 백인 사회의 결의 등—는 그들의 학업을 전혀 방해하지 않는다는 메시지를 전달합니다.

예컨대, 시애틀에 위치한 서굿 마셜(Thurgood Marshall, 1908~
1993. 유명한 브라운 대 교육위원회(Brown v. Board of Education) 재판을 승리로
이끈 흑인 법조인)의 이름을 딴 인종 분리 학교의 교장은 아이들이
서굿 마셜이 누구인지 왜 그가 미국 역사에서 중요한 도덕적 인
물이 되었는지 알지 못하게 하느라 애쓰고 있었습니다. 제가 추
측하기로 그 교장은 인종 분리를 폐지하려고 노력한 마셜 판사의
공적을 정직하게 인정하면, 마셜 판사가 생전에 혐오했던 거의
모든 것을 대변하는 학교 내에 비난의 여론이 들끓게 되지는 않
을까 걱정했던 것 같습니다.

그래서 그 교장은 마셜 씨를 일생 동안 정의를 위해 싸운 투사
로 소개하는 대신에 규칙 준수와 뛰어난 경영 능력, 자제력, 자
립심 같은 덕목의 실례를 보여준 기업의 중견 간부쯤으로 바꿔서
소개했습니다.

벽에 붙여놓고 아이들에게 반복하여 복창하게 하는 서굿 마셜
맹세에는 "나는 주의를 기울여 듣고 지시에 잘 따를 것입니다",
"모든 일은 나한테 달렸습니다"라고 적혀 있습니다. 이런 표어와
구호는 그 학교의 일상적인 활동에 깊이 스며 있었습니다. 제가
그 학교를 두 번째 방문했을 때 아침 조회에 참석할 기회가 있었
는데 전체 학생이 서서 "나는 배울 수 있다"를 정확히 30번 외치
더군요.

수많은 도심의 학교에서처럼 이 학교에서도 이런 구호를 외칠

때 손뼉을 치거나 엄지와 중지로 딱 소리를 내거나 발로 바닥을 차며 박자를 맞췄습니다. 그 일을 정말 좋아하는 일부 학생들의 경우에는 하루를 시작하는 활기찬 방식이 될 수도 있습니다. 그리고 이 학교를 방문하는 사람들 가운데 정치적으로 보수적인 백인들은 흑인과 히스패닉 어린이들이 이런 구호를 외치는 소리를 듣게 되어 만족스러운 듯합니다. 모든 것이 '아이들'에게 달렸다면, 우리의 책임은 없어 보입니다. 안 그랬다면 나라가 고민해야 했을, 많은 비용이 드는 수많은 책임을 파도가 갑판을 휩쓸 듯 일거에 없애주는 듯합니다.

프란체스카 선생님, 이것을 적나라하게 말하면, 우리가 아이들에게 "모든 일은 내가 어떻게 하느냐에 달렸다"고 복창하게 하는 것은 그들에게 (아이들 스스로는 알 길이 없는) 거짓을 말하도록 요구하는 것과 다르지 않습니다. 이 아이들의 존재 방식에 대해 교육 체제가 해야 할 역할은 없을까요? 이 아이들의 학습 환경에서 있어야 할 것과 없어야 할 것에 대해 국회, 법원, 지방 입법부 등이 결정할 책임은 없을까요? 시민들이 정부에 의해 시행되는 재정 정책이 아이들의 운명을 결정하는 데 별 영향을 미치지 않는다고 생각한다면, 학교 지원금 배분에 대한 논란이 왜 그렇게 뜨겁고, 부유층 거주지에 더 많은 몫이 돌아가는 것에 대한 반대가 왜 그렇게 격렬하겠습니까?

매일 학생들에게 이런 구호를 외치도록 하는 것은 주변의 환경이나 역사의 유산에 의해 이미 심하게 훼손된 학교에 다니는 학생들에게 유익한 심리 치료의 역할을 한다고 주장하는 사람들이 있습니다. 그러나 자기 최면이 지원금 제공이나, 작은 클래스 사이즈, 쾌적한 학습 환경(이 나라의 더 쾌적한 지역에 사는 다른 학생들이 부유한 민주주의 국가의 아이들로서 당연한 권리로 여기는) 같은 것들을 대체할 수는 없습니다.

그러나 이 '격려성 거짓말'의 근원에는 가난한 공립학교 아이들에게 제시되는 '근원적 거짓말(The Ultimate Lie)'이 있습니다. 이것은 평등한 기회라는 거짓말인데, 제가 아이였을 때와 마찬가지로 흔들리지 않는 완강함을 지닌 채 여전히 교과서에서 제시되고 있습니다. 이 거짓은 일반적 상식과는 너무나 동떨어진 허위여서 교과서가 계속해서 그것을 고수한다는 사실이 놀라울 정도입니다.

분명한 예 하나를 들어보면, 사우스브롱크스의 파인애플이 5학년일 때 그 아이에게 배당된 학생 1인당 연간 교육 보조금은 11,500달러였으나, 파인애플의 집 현관문에서 자동차로 20분만 가면 닿을 수 있는 인근의 브롱크스빌 타운(99퍼센트가 백인이고 1퍼센트가 흑인과 히스패닉인)의 아이들의 경우에는 19,000달러를 받았고 부유한 교외 지역인 맨해셋(Manhasset)의 아이들(저의 하버드 동창생들의 아이들과 손자들 중 몇몇이 이 지역의 학교에 다닙니다)은 22,000여 달러를 받았습니다. 같은 해 시카고와, 일리노이 주 남부의 전원이 흑인인 이스트 세인트 루이스(East St. Louis)에 있는 고등학교 학생들은 시카고의 부유한 교외 지역에 있는 하이랜드 파크와 디어필드 하이 같은 유명한 학교의 아이들에게 지급된 것의 절반에도 못 미치는 액수를 받았습니다. 이와 같은 극도의 불평등은 이 나라의 거의 모든 부문에 여전히 존재합니다.

정부에 의해 차별적인 교육비를 지원받는 아이들은 그들에게 제시되는 평등한 기회라는 허위를 판단할 수 있도록 이 문제에 관해 충분히 알 권리가 있습니다. 역설적이게도 제일 많은 지원금을 받는 학교에 다니는 아이들이 오히려 도심의 거의 모든 아이들보다 이 불평등에 대해 훨씬 더 많은 것을 배웁니다. 보통 이 문제는 미국 사회의 역사를 고찰하는 수업 시간에 다루어집니다. 제가 이런 사실을 알게 된 것은 제가 집필한 책들, 특히 《야만적 불평등(Savage Inequalities)》이 뉴 트라이어 하이 같은 일류 고등학교의 상급반 수업에 채택되어 이 학교 학생들이 자신이 쓴 학기말 리포트를 저한테 보내오거나 심지어 인터뷰를 요청하는 전화를 걸어왔기 때문이지요. 이렇듯, 불평등으로 인해 직접적인 혜택을 받는 아이들은 불평등으로 인해 피해를 입는 아이들보다 그 문제에 관해 훨씬 더 많은 것을 배우는 실정입니다.

가난한 아이들이 다니는 학교에서 평등 교육에 관한 오해와 착각이 검토되지 않는 한, 이 아이들은 부유한 백인 아이들에 비해 자신들의 낙제율이 높은 게 온전히 자신의 기질이나 문화적

178

유산에 선천적인 결함이 있기 때문이며 의지박약, 기본적인 추진력과 열의 부족, 지능의 열세 등에 기인한다는 생각과 싸우느라 괴로운 시간을 보내야 합니다.

이 학교에서 근무하는 선생님들은 이 주제를 직접적이고 효과적으로 다룰 수 있는 방법을 찾아야 할 것입니다. 이 주제가 세심히 다뤄진다면, 이 학생들에 불리한 가공할 차별을 분명히 밝히면서도 학생들의 자신감을 꺾지 않고 오히려 그들의 결의를 굳건히 하고 저항심을 촉발할 것입니다. 그로 인해 아이들은 단지 학교에서 열심히 공부하는 것뿐 아니라, 50년 전에 그들 또래의 젊은이들이 도덕적 영향력에 입각하여 용기 있게 행동했던 것 — 시작은 미약했으나 차츰 세력이 커져 미국 사회의 양심을 흔들어놓았던 것 — 과 마찬가지로 정치의 장에서 활동할 힘을 개발함으로써 이런 차별에 맞서 싸우려는 결심을 굳게 다지게 됩니다.

도심의 빈민 거주지 아이들에게 널리 선전되는 마지막 허위는 지금껏 제가 설명했던 것과 연관이 있습니다. 이것은 현재 도시 학교의 관리자들을 통해 들불처럼 퍼져나가는 개념으로, 학생들이 중학교에 지원하는 10세 또는 고등학교에 지원하는 13세를 시작으로 그들을 학문적 영역의 제한 없는 무한한 목표에 시선을 두기보다 특정한 커리어를 선택하도록 유도해야 한다는 것입니다.

이 개념의 커다란 허점은 10세 또는 13세, 또는 심지어 16세의 아이들은 직업에 대해, 미래의 지적 활동에 대해, 우리 사회에서 이룰 수 있는 목표와 보상의 범위에 대해, 실제로 어떤 선택이 존재하는지 알 수 있는 방법이 전혀 없거나, 이런 것들을 선택할 수 있을 만큼 자신의 마음을 잘 알지 못한다는 것입니다.

저 역시 10세에는 이 세상에서 내가 하고 싶은 일이 무엇인지 알지 못했습니다. 선생님도 마찬가지셨을 겁니다. 저는 심지어 17세가 되어서도 잘 알지 못했습니다. 제 자신에 대해 충분히 알지 못했기 때문에 그토록 중요한 결정을 내릴 수 없었지요. 게다가 저는 제가 선택할 수 있는 것들의 범위를 충분히 알지 못했기 때문에 어떤 선택을 해야 여러 목표들이 조화를 이룰 수 있을지, 심지어 그 나이의 청소년들의 마음을 가득 채우고 있는 실제적인 꿈을 충족시킬 수 있을지 결정할 수 없었지요. 청소년기에 막 들어선 학생이나 그 한가운데에 있는 학생에게 '진로를 선택'하도록 요구하는 것은 그 학생이 실제로 선택할 수 있는 것들이 무엇인지 알 방법을 갖고 있지 않다면 아무런 의미가 없는 일이지요.

현실이 이런데도, 도심의 학교 체제는 '산업 연계' 학교나 좀 더 정교한 형태의 '직업 학교(career-identified academies)'를 설립하느라 분주합니다. 이런 학교는 초등학교의 마지막 학년이나, 주나 지역에 따라, 중학교의 마지막 학년에 선택할 수 있습니다. 이런 학교에서 선택할 수 있는 것들이 때로 평등하고 매력적인 것으로 보이더라도(적어도 그 학교의 이름이나 홍보 팸플릿에서) 솔직히 말해 이들 학교 대부분은 대학에 못 갈 것 같거나 우리 사회에 문화적 공헌을 못 할 것으로 보이는 아이들에게 그들의 경제적 계급과 인종에 적당한 '좀 더 현실적인 목표'를 받아들이도록 하는 것을 목표로 삼습니다.

예를 들어, 여러 도시에서 운영되는 직업 학교의 흑인과 히스패닉 학생들은 이른바 '보건 직업(health profession)' 훈련을 받습니다. 이 아이들은 대학에 진학해 심장 전문의나 외과 의사가 되기 위한 준비를 하는 것이 아니라 병원과 요양소에서 보수도 적고 낮은 수준의 직업을 준비하는 것이지요. 그 밖의 도시에는, 흑인과 히스패닉 학생들을 호텔 관련 직종이나 요리 쪽으로 인도하는 학교가 있습니다. 로스앤젤레스의, 전교생이 흑인 또는 히스패닉인 프리몬트 고등학교에서는 더 높은 교육 기관에 진학할 충분한 능력이 있고 제가 그 학급에서 두 시간 동안 강의할 때 온 마음을 기울여 들을 만큼 열성적인 학생들이 의류업을 준비하고 있었습니다.

프란체스카 선생님, 이와 같은 산업 연계 학교나 프로그램을 브루클린, 렉싱턴, 콩코드, 매사추세츠, 글렌코와 위넷카, 맨해셋, 그로스 포인트 같은 교외 지역의 아이들에게 제의한다면 그 지역 학부모들이 어떤 반응을 보일까요? 이 안을 내놓은 학교장은 바로 일자리를 잃게 될 것입니다. 소수민족 아이들을 위한 이런 직업 학교를 홍보하는 사람들이 산학 연계에 관해 아무리 고

매한 이유를 들어가며 웅변을 해도 특권층 아이들이 다니는 학교에서 이 직업 학교들은 생각할 여지도 없이 곧바로 거부될 게 뻔한, 미화된 인종 분리일 뿐입니다.

미국처럼 수많은 학교와 교육구가 있는 나라에서는 제가 설명했던 패턴과는 다른 몇몇 두드러진 예외가 있게 마련입니다. 비영리 분야의 수많은 이타적인 단체들은 직업 목표를 진학 준비와 연계하여 가르치는 직업 학교를 만들어냈습니다. 이 학교에서는 '직업적 목표'에 중점을 두는 것이 대학 진학 준비에 필요한 강좌를 자동적으로 제외시키는 것을 의미하지 않습니다. 그러나 프란체스카 선생님, 이 학교들은 예외에 불과합니다. 이런 학교들에서 '학문'이나 '진학 준비'에 중점을 둔다는 것은 학교 체제가 제시하는 낙관적 주장일 뿐 실제 이런 학교에 등록하는 학생들로선 경험하기 힘든 일이지요. 저는 이런 학교를 후원하는 단체나 교육청이 배부한, 고매하게 들리고 많은 비용을 들여 만든 자료를 읽었습니다. 그러나 제가 이런 여러 학교들을 방문했을 때 제 눈으로 확인한 것은 그 학교들이 학생들의 진학에는 관심을 기울이지 않는다는 사실이었습니다.

이런 예외('폐허에서 희망을'이라는 식의 헤드라인으로 희망적인 기사를 쓸 기회를 제공하기 때문에 미디어의 가장 큰 관심을 받는)가 있음에도 흑인과 히스패닉 아이들을 위한 축소주의 교육(reductionist instruction)의 전반적인 형태는 브라운 판결 이전의 몇십 년 동안 남부에서 흑인 학생들을 위해 인문계 고등학교 대신 설립되었던 실업계 학교들이 흔하던 시기 이래 이렇게 광범위하게 퍼져나간 적이 없던 관행이 부활되었음을 의미합니다. 그 학교들의 이름은 국회의원 존 루이스가 최근에 저한테 상기시켜주었듯 '유색 인종을 위한 직업 학교'라고 해야 더 정확할 것입니다. 그 학교의 학생들은 가끔 순수 학문을 배우기도 하지만, 루이스 왈 '그 인종의 젊은이들에게 가장 적합하다고 여겨지는' 하위 직업을 준비하는 데 훨씬 더 많은 시간을 할애합니다. 미국 교육에 인종 분리가 다시 나타나면서, 역사적으로 인종 분리에 수반되었던 교육 기관의 새로운 버전 또한 등장하는 것이지요.

오늘날 이 학교에 다니는 대부분의 학생들은 자신들이 받는 교육이 미래에 선택 범위를 넓혀줄 교육이 아니라 축소할 직업 교육이라는 사실을 너무 늦게야 알게 됩니다. 오로지 피부색 때문에 지적인 영역에서도 경제적인 계급에서도 낮은 수준으로 인도되는 아이들에게 학교 관리자들이 생각하는 그들의 미래에 대해 좀 더 일찍 알려줘야 합니다.

'직업 교육'의 실제 의미에 대한 엄밀한 분석이 초등학교 5학년 커리큘럼에 중요한 부분으로 포함되어야 합니다. 그렇지 못한 경우, 교사들은 어떤 비난을 받게 되더라도 그럴 수 있도록 방법을 찾아야 합니다. 우리 학생들은 '우리가 용서한 것'을 용서하지 않을 것이라는 예프투셴코의 경고는 학생들이 순수했던 시절신의의 초석을 이루는 일관된 정직을 보여주어 그들과 신의를 쌓은 사람들을 향한 진지한 호소임에 틀림없습니다.

프란체스카 선생님, 선생님 반 아이들은 교과서에 수록된, 그리고 도심 교육구의 수많은 리더들이 어쩔 수 없이 전달해야 한다고 여기는 듯한 그 커다란 거짓을 배우지 않았습니다. 아이들은 사소한 거짓말을 합니다. 저는 선생님 반에서 아이들이 사소한 거짓말을 할 때 대개 고집스럽게 우긴다는 것을 알게 되었습니다.

어느 날 선생님은 도비의 호주머니에서 '백색 가루(white powder)'처럼 보이는 것이 바닥에 떨어지는 것을 보았지요. 선생님이 도비에게 그게 뭐냐고 묻자 도비는 자기 호주머니에 '백색 가루(white powder)'가 들어 있지 않다고 했습니다. 선생님이 바닥에 떨어진 가루를 가리키고는 그것을 집어 도비 앞에 보여주자 그 아이는 선생님의 얼굴을 빤히 쳐다보며 그것은 '절대 백색 가루'가 아니라고 계속 우겨댔습니다.

제가 제대로 기억한다면, 결국 선생님은 도비의 호주머니에 손을 넣어보았는데 호주머니에 설탕이 가득하여 깜짝 놀랐다고 하셨지요! 선생님이 도비에게 왜 설탕을 모으냐고 묻자 도비는 치리오스(아침식사용 시리얼의 상표)와 함께 먹으면 맛이 있기 때문이라고 대답했습니다. 그래서 그 아이는 집에서든 이웃집에서든 설탕 그릇을 볼 때마다 한 움큼씩 집어서 호주머니에 넣었던 것이지요. 그 양으로 보아 꽤 오랫동안 모은 것 같았다고 선생님은 말씀하셨습니다. 그렇게 다 드러났는데도 도비는 여전히 제 주장을 굽히지 않고 또다시 그건 '흰색 가루'가 아니라고 말했다고 하셨지요. 엄밀히 따져볼 때 도비의 말이 맞는 것 같네요.

"그 녀석은 너무 영리해서 못 당하겠다니까요" 하고 선생님은 말씀하셨지요.

그러나 선생님의 아이들이 하는 사소한 거짓말은 비록 그로 인해 학급의 누군가가 잠깐 눈물바람을 할 때도 있지만, 도심의 수많은 학교에 다니는 아이들의 마음 깊숙이 상처를 내고, 고의에서든 실수에서든 장차 그들이 활약하게 될 세계를 이해할 능력을 말살하고 그들의 미래를 찌그러뜨리는 그런 몹쓸 거짓말과는 엄청난 거리가 있습니다.

프란체스카 선생님, 예프투셴코의 시를 보내주셔서 다시 한번 감사하다는 말씀을 드려요.

13 순수의 상실
— 중학교와 고등학교에 대한 소견

친애하는 프란체스카 선생님

중등학교에 관해 좀 더 자세히 이야기해달라고 해주셔서 반가웠어요. 선생님이 가르치시는 아이들이 불과 5년 후면 중학교로 옮겨 가고 그 다음에 고등학교로 가게 될 때를 미리 내다보시고 그때 그 아이들에게 어떤 일이 벌어질지 걱정하시는 거죠? 선생님 학교의 교장선생님이 아이들을 위해 조성한 온화하고 안전한 환경에 의해 더는 보호받지 못하게 될 테니까요.

"순수한 소녀들이 일단 초등학교를 떠나면 흔히 그 순수를 잃게 되는 것 같아 가슴이 아픕니다"라고 선생님은 편지에 쓰셨습니다. 사내아이들은 하루 건너 한 번씩 우리를 화나게 해도 6~8세일 때에는 그들의 장난스런 행동과 반항적인 몸짓이 여전히 귀여워 보입니다. 그러나 12, 13세가 되면 교사에게 그 아이들이 늘 사랑스러워 보이지는 않지요.

이런 이유로 처음부터, 그러니까 1970년대 초 주니어 하이스쿨〔junior high schools. 7~9학년〕이 미들스쿨〔middle schools. 6~8학년〕로 바뀌기 시작할 때부터 저는 마음에 들지 않았습니다. 학생들, 특히 여학생들을 초등학교에 1년 더 머무르게 한다면 중학교—유급을 한 적이 있다면 벌써 15세인 남학생이 있을 수 있지요—에 존재하는 수많은 유혹에서 보호할 수 있을 것입니다.

학교 행정가가 제 생각을 묻는다면 정말 저는 중학교를 완전히 없애라고 제의할 것입니다. 중학교를 없애는 대신 중학교 3년을 초등학교의 상급 학년으로 통합하자는 주장을 펼 것입니다. 그러면 우리는, 아이들이 유치원이나 1, 2학년이었을 때부터 우리가 아이들과 쌓아온 애정과 신뢰를 이용하여 아이들이 일찍 순수성을 잃는 것을 막을 수 있습니다.

제가 상상하는 K(유치원)~8학년 과정의 학교에서는 상급 학년의 아이들이 더 어린 아이들을 돌봐주는 선도자나 '팀 리더'의 역할을 합니다. 이 아이들은 시간을 정해 학교 일과 중 일부를 저학년 교실에서 '보조 교사로' 일하게 됩니다. 아이들과 함께 책을 읽고 산수 공부를 도와줌으로써 자신의 실력도 강화할 수 있지요. 그리고 저는 이 방법이 상급생이 자신의 기본적인 학습 능력을 완벽하게 다질 수 있는 가장 좋은 방법이라고 늘 확신해 왔습니다.

선생님 학교의 그 어른스러운 5학년 여학생(자신의 담임선생님 한테서 허락받은 시간 동안 선생님의 교실에서 보조 교사로 일하곤 했던)은 선생님 곁에서 일하는 동안 분명 많은 것을 배웠을 겁니다. 특히 일과가 끝난 뒤 선생님이 꽤 많은 시간을 할애하여 지도해 주신 덕분에 작문 실력이 많이 늘었을 테고, 하급생을 돌보는 동안 진정한 책임감과 관용을 체득하여 성품이 더욱 온화해졌을 거예요.

그러나 현재 대부분의 도심부 교육구에서는 아이들은 10세나 11세의 나이로 초등학교를 떠나고 몇 달 뒤에는 중학교에 들어가게 될 것입니다. 중학교에서든 그 후의 고등학교에서든 시험을 통해 선발하는 학교에 들어가지 못한 대부분의 학생들은 학습 환경이 초등학교 때보다 훨씬 더 혼잡하고 열악해졌다고 느끼게 됩니다.

언젠가 파인애플이 4학년이었을 때 그 아이는 P.S. 65(파인애플이 다니는 공립학교)의 지하에 있는 구내 식당을 '아수라장'이라고 표현했는데, 파인애플과 점심을 먹으러 거기에 내려갔을 때 정말 그 아이의 말이 전혀 과장이 아니라는 생각이 들더군요. 그러나 더욱 안타까운 일은 몇 년 뒤 이 아이들이 다니게 될 중학교와 고등학교의 구내 식당 역시 이보다 못하면 못했지 더 나을 게 없으리란 사실입니다.

뉴욕의 어느 고등학교(법정 정원이 1천8백 명이지만 3천6백 명의 학생이 다니는)에서 있었던 일인데요. 하루는 제가 참관하던 학급의 9학년 학생들이 저더러 함께 구내 식당에 내려가 점심을 먹자고 하더군요. 제가 이런 제안에 응할 때면 교장선생님들은 깜짝 놀라곤 하지요. (다른 도시의 어느 교장선생님은 학생들이 저와 함께 구내 식당에서 점심을 먹겠다고 하자 "이런, 안 돼요! 교장실에 맛있는 점심을 주문해놓았어요"라고 말했습니다. 그래도 학생 하나가 "제발요!"라며 끈질기게 조르자, 교장선생님은 제가 학생들과 지하의 구내 식당으로 가는 것을 마지못해 허락했지요.)

뉴욕의 이 학교는 과밀해서, 다시 말해 건물이 수용할 수 있는 인원에 비해 학생 수가 너무 많았기 때문에 점심을 몇 회에 걸쳐 제공했는데, 1회는 9시 30분쯤에, 마지막 회는 2시가 조금 넘은 시각에 제공되었습니다. 1회에 점심을 먹는 아이들은 배가 고프지 않아 많이 먹지 못하므로 정오쯤에는 몹시 배고파했지요. 그들 중 일부는 너무 배가 고픈 나머지 아무 생각 없이 무단으로 학교를 나가 다른 곳에서 점심을 사 먹고 학교로 돌아오지 않는다고 하더군요.

다행히도 그날 저를 교내 식당에 데리고 간 아이들은 정오에 먹을 수 있는 순번이었습니다. 그러나 식당의 분위기는 여전히 혼잡했고 우리는 줄을 설 수 있을 때까지 20분을 기다려야 했습니다. 일단 줄을 선 뒤에도 줄은 너무도 천천히 움직였습니다. 싸움이 터지는 게 거의 불가피한 일처럼 여겨질 정도였지요. 아직 줄에 들어오지 못한 아이들은 각자의 테이블 앞에서 기다렸는데 그들 사이에 격렬한 싸움이 붙어 경찰이 출동했습니다. 테이블 위에 쾅 하고 눕혀진 아이가 그 주위에 서 있는 성난 아이들에 의해 심하게 다치기 전에 경찰이 싸움을 말려야 했지요. 저를 데리고 간 학생들은 이런 모습을 보고도 그저 어깨를 으쓱할 뿐 별로 놀라지 않았습니다. 흔히 일어나는 일이라는 거예요.

다른 지역에서 온 사람들은 이런 광경을 접하면 "이 학생들은 마치 짐승처럼 행동하는군요" 하고 야박한 소리를 합니다. 그러나 마치 가축을 대하듯 아이들을 한곳에 떼거지로 몰아넣고 지저분한 음식을 먹이는데 누군들 최소한의 예의를 차릴 수 있겠습니까? 아이들이 그렇게 행동하는 것도 무리는 아니라고 생각해요.

이런 상황에서 품위를 잃는 것은 아이들만이 아닙니다. 다른 상황에서는 정말 친절한 교사와 규율부원들도 평소의 모습을 잃고 학생들에게 질서를 지키라고 고함을 지르고 거친 욕설을 하곤 합니다. 자신을 압도하는 혼란을 통제하기 위해 광적으로 노력하는 와중에 평소의 위엄을 잃게 되는 것이지요.

이런 상황에서는 주문을 받는 사람조차도 자제심을 잃고 괴물로 변하곤 합니다. 저와 동행한 아이들이 거의 맨 앞줄까지 왔을 때 내 바로 앞의 9학년 학생이 저한테 점심으로 무엇을 먹을 거냐고 물었습니다. 혈당에 문제가 있어 얼마간 먹지 못하면 몸이 떨리기 시작하는 저는 그때 힘이 없었습니다. 저는 그 아이에게 코코아를 판다면 코코아와 샌드위치를 먹겠다고 말했습니다. 그러자 그 아이는 카운터를 보기 위해 앞을 응시하더니 코코아를 판다고 말해주었습니다.

우리가 드디어 카운터에 다다랐을 때 그 아이는 저를 대신해 음식을 주문해주었습니다. 그런데 카운터에서 주문을 받던 우람한 체구에 붉은 얼굴을 한 남자가 내 손에서 식판을 뺏어들고 나는 먹을 수 없다고 했습니다. "왜요?" 그 학생이 물었지요. 그 남자는 내 신분을 증명해줄 카드가 없기 때문이라고 하더군요. 한 선생님이 이 광경을 보고 손님으로 오신 분이라고 말해주었으나 그 남자는 화를 내며 식판을 놓으려 하지 않았습니다. 그 선생님은 양손으로 식판을 잡아당겼습니다. 두 사람은 그렇게 식판을 사이에 두고 말 그대로 씨름을 했고, 학생들은 제게 그런 일까지 겪게 한 게 미안해서 어쩔 줄 몰라 했지요.

결국 저는 점심을 먹지 못했습니다. 그러나 저를 위해 최선을 다하는 게 자신의 임무라고 판단한 그 용감한 9학년 여학생은 카운터 남자가 그 선생님과 다투는 동안 코코아 컵을 잡아채어 제 호주머니에 슬며시 넣어주었습니다. 저는 그 아이의 배려가 고마웠습니다.

이런 '험악한(uglifying)'─그웬돌린 브룩스가 언젠가 제게 보낸 글에서 '기꺼운(happyfying)'이라는 단어와 대립을 이루게 할 요량으로 사용한 단어죠─학교들 가운데 한 곳에 있을 때면 가난이 응집된 이런 지역 밖에서는 거의 어느 곳에서나(부유층 거주지의 학교뿐 아니라 보통 학생이 다니는 학교에서도) 고등학교의 분위기가 이와는 아주 다르다는 사실을 상기하게 됩니다. 학교의 구내 식당은 일반적으로 즐거운 장소입니다. 뉴햄프셔 주의 어느 고등학교에서 저는 학생들이 멕시코풍 문양의 타일로 장식된, 갖가지 도형 모양의 자그마한 식탁 주위에 앉아 있는 것을 보았습니다. 날씨가 좋은 날에는 식당 앞의 테라스에서 먹을 수 있습니다. 가장 쾌적한 학교의 경우, 학생들은 호화로운 대학의 구내 식당에서처럼 샐러드 바[식당 내의 셀프서비스식 카운터]에서 베이컨 조각, 큼직한 검은 올리브, 생당근 등을 골라 먹을 수 있습니다.

학생들은 삼삼오오 모여 이야기하거나 함께 숙제를 하면서 점심을 먹고, 교사들은 지나가다 들러 학생들과 잠시 이야기를 나누기도 합니다. 분위기가 여유롭고 편안하고 평온합니다. 이 아이들을 보며 '짐승처럼 행동한다'고 말하는 사람은 아무도 없을 것입니다.

제가 이 이야기를 이렇게 장황하게 늘어놓는 이유는, 어린이 교육에서 미학적인 면이 무척 중요하다고 믿기 때문입니다. 아름답고 쾌적한 환경은 아이들의 영혼을 순화시키는 반면, 추하고 험악한 환경은 아이들의 정신을 거칠게 합니다. 그것은 전체 학생 집단을 계급과 계층 면에서 아주 다른 두 부류로 구분 짓는 가장 결정적인 방식 중 하나입니다.

프란체스카 선생님, 선생님께 이런 말을 할 때 저는 잠시 멈추고 자조의 웃음을 웃습니다. 공립학교에서의 미학 같은 문제에 대해 분개하며 선생님께 열변을 토하는 것은 성가대에게 설교하는 것이나 다름없음을 압니다. 저는 선생님이 선생님 반 아이들을 위해 꾸며놓은 세계를 보고 선생님도 저만큼이나 물리적인 환경을 중요하게 생각한다는 것을 이미 알고 있거든요. 그러나 도심부 고등학교에 평온함과 아름다움을 불어넣는 일은 어렵습니다. 낙서로 뒤덮인 벽과 복도, 화장실 문간에서부터 풍겨오는 악취 등은 교실 못지않게 학교 환경을 형성합니다. 게다가 고등학생들은 교실에서 교실로 옮겨 다니며 수업을 들어야 하기 때문에 고등학교의 교실은 초등학교의 교실처럼 학생들에게 '보금자리(home)'가 아닙니다. 그래서 교실의 벽과 칠판을 흥미롭고 생기 있게 꾸미려는 교사의 노력조차, 아이들이 교실에 들어오기 전과 교실을 나간 뒤에 접하는 냄새와 경치에 의해 그 효과가 상쇄되고 맙니다.

제가 방문했던 고등학교 가운데에는 학생 수가 너무 많아 수많은 학생들이 교실다운 교실 없이 지내야 하는 학교들도 있었습니다. 학생들은 학교 측에서 '이동 교실'(사실은 '트레일러'를 듣기 좋게 부르는 것이지요)이라 이름 붙인 곳으로 가서 수업을 듣습니다. 제가 2년 전에 방문했던 로스앤젤레스의 한 고등학교에는 학생 5천 명 등록되어 있었는데 수업의 3분의 1 이상이 이런 트레일러에서 이루어졌습니다. 휴양지였던 곳에 수많은 트레일러가 빽빽이 들어차 있었지요.

로스앤젤레스의 그 학교에서는 무슨 이유에선지 그 조잡한 구조물을 '트레일러'나 '이동 교실'이라고 부르는 대신 '방갈로'라 부르더군요. 그러나 그것들은 전혀 방갈로 같지 않았답니다! 확언하건대, 선생님이 로스앤젤레스에 가서 이 트레일러를 보게 되더라도 절대 '방갈로'라는 말은 떠오르지 않을 거예요. 저는 캘리포니아 주의 소수 인종 아이들을 가득 채워 넣는 데 쓰이는 그 구조물의 기능을 감안하여 그것들을 '컨테이너'라고 부르지만, 그 지역의 학교 행정을 담당하는 저의 백인 친구들이 이 사실을 알면 발끈할 것입니다.

그러나 제가 아는 로스앤젤레스의 교사들은 제가 그런 용어를 써도 놀라거나 불쾌해하지 않습니다. 프리몬트 고등학교나 시어도어 루스벨트 고등학교처럼 열악한 학교에서 근무하는 선생님들은 훨씬 더 강한 언어를 사용하며 당신들과 학생들이 불평 없이 견뎌내야 하는 그 칙칙한 분위기에 화를 터뜨리지요. 이 선생님들은, 걸핏하면 교육을 비판하는 로스앤젤레스의 경제계 사람들은 하루도 근무하지 못할 환경에서 평생을 보냅니다.

프란체스카 선생님, 선생님도 아시다시피, 제가 이때껏 방문해온 고등학교의 이런 문제를 해결하기 위한 방책으로 가장 흔히 제의되는 것으로는, 이런 학교들을 더 작은 학교, 즉 '소규모 학교'로 나누는 것이 있습니다. 소규모 학교의 경우, 여러 학교가 한 건물을 사용하거나, 자금이 조달된다면 개별적인 교사(校舍)

를 사용할 수 있겠지요. 일반적으로 학교 체제는 이런 학교들에 개별적인 건물을 부여할 경제적인 여유가 없으므로, 이런 소규모 학교의 아이들은 각 소규모 학교의 교실들이 모여 있는 한 층 전체나 복도 일부는 단독으로 사용할 수 있으나 구내 식당이나 기타 공동 구역은 같은 건물 안의 다른 학교 아이들과 함께 사용해야 합니다.

그러므로 이 방책은 이런 학교들의 물리적인 노후와 과밀을 해결해주지 못합니다. 이 문제를 해결하려면 몇십 억의 예산이 필요하지만, 주 정부나 도시에서는 이런 돈을 쓸 능력도 의지도 없어 보입니다. 또한 이 방책은 인종 분리 문제 역시 해결해주지 못합니다. 실제로 여러 도시에서, 예를 들어 시애틀에서, 이 '소규모 학교' 아이디어는 그러지 않았다면 자신의 아이들을 인종 통합 고등학교에 보내야 했을 교육구의 부유한 백인 학부모들이 백인 아이들만 다니는 고급 소규모 학교를 만드는 데 이용되었습니다. 그리고 특히 뉴욕에서 더욱 뚜렷이 드러나는 현상입니다만, 여러 인종이 섞여 사는 일부 지역의 경우 대규모 학교에서 떨어져 나와 설립된 소규모 학교들은 이 학교 학생들 외에는 거의가 소수 인종인 건물 내에서 백인과 상대적으로 부유한 집 아이들만을 위한 배타적인 성소(sanctuary)가 되어가고 있습니다.

이런 학교의 선생님들은 이렇게 말씀하십니다.

"이 건물에 들어오시면 한 층에서는 전교생이 흑인인 소규모

195

학교를, 그 아래층에서는 거의 모든 학생이 백인인 또 하나의 소규모 학교를 보게 될 거예요."

이 두 종류의 학교는 커리큘럼이 정말 너무나도 다르다고 선생님들은 입을 모으십니다. 교육적 신념이 진보적인(그러나 인종분리 문제에 대해서만은 그렇지 않은) 백인들이 많은 몇몇 지역에는, 그 건물 내의 흑인 영역에서 가르치는 한 선생님이 자조적으로 표현하시기를, 한 건물 안에 백인 아이들이 다니는 '월든식 학교'와 유색 인종 아이들이 다니는, 대부분의 커리큘럼이 주에서 주관하는 시험(state exams) 대비 연습으로 구성된 학교가 공존한다고 합니다.

이 '소규모 학교' 개념은, 신중하게 주의를 기울여 적용된다면(그리고 학교에 충분한 공간이 제공된다면), 제가 앞서 말씀드린 대규모 고등학교의 무질서와 혼잡을 줄일 수 있다는 장점이 있습니다. 그리고 전교생이 2백 명에 불과한 소규모 학교의 교사들은 학생들 개개인을 잘 알 수 있는 기회가 더 많으므로 전교생이 4천 명이나 되는 학교에서 학생들이 느끼는 익명성을 줄일 수 있습니다. 이 밖에도 소규모 학교의 장점은 많습니다. 특히 좋은 소규모 학교(소규모 차터스쿨도 여기에 넣을 수 있겠네요)의 기풍(분위기)과 커리큘럼은 상당히 진보적이며, 몇몇 소규모 학교는 학생들 사이에 계층 및 인종 통합을 이루기 위해 진지하게 노력합니다.

그러나 선생님이 예리하게 지적하셨듯이, (선생님과 제가 성장한 소도시에는 흔한) 학습 환경이 잘 갖추어진 고등학교를 해체하여 '소규모 학교'로 대체해야 한다고 제안할 사람은 아무도 없을 것입니다. 이 학교들은, 비록 학생 수가 천 명 혹은 심지어 2천 명이나 되더라도, 학교가 수용할 수 있는 인원의 두 배나 되는 학생을 받으려 하지 않을 뿐 아니라 받은 학생들을 교육하기 위한 준비가 잘 되어 있기 때문입니다. 그래서 이 학교의 학부모들은 폭넓고 광범위한 교사진이 있어 다양한 강좌를 들을 수 있다는 장점을 놓치고 싶어하지 않습니다. 예를 들어, 교외 주택지의 일류 고등학교에서는 흔히 볼 수 있는 A.P. 강좌〔대학 과정을 고등학교에서 미리 듣는 것으로 대학 진학에 유리할 뿐 아니라 대학에서 학점으로 인정해줌〕가 10~15개나 마련되어 있으며, 선택할 수 있는 외국어도 5가지나 되고, 훌륭한 미술 및 연극 실습과 관현악 음악 프로그램 등 일류 대학에 입학하는 데 도움이 되는 과정을 고루 제공합니다.

간혹 소규모 학교의 학부모들은 교사진의 전문 분야가 다양하지 못한 것을 보완하기 위해 자신들의 문화적 인맥을 활용하여 박물관이나 극장, 발레단, 과학 연구소 등과 연계하려는 노력을 합니다. 전교생이 거의 백인이거나 상류층 출신인 센터 고등학교(Center School)는 시애틀의 훌륭한 문화적 명소들 사이에 있어 문화적으로 잘 연계된 신흥 소규모 학교의 좋은 예입니다. 그러나 학부모와 위치에 힘입어 이런 근사하고 매력적인 연계를 할 수 있는 소규모 학교들과, 권위 있는 명소가 없는 가난한 동네에 자리한 데다 흑인과 히스패닉 아이들만으로 구성된 소규모 학교들 사이에는 커다란 불평등이 존재합니다.

이런 불평등을 감추기 위한 노력의 일환으로 도시의 소규모 학교 옹호자들은 도심부의 인종 분리 소규모 학교와 학교에서 걸어갈 수 있는 거리에 있는 흑인 또는 히스패닉 극단이나 아프리카계 미국인 박물관과 맺은 '자매 결연'을 내세우거나, 소수자들이 다니는 학교를 위한 좋은 방법처럼 보이는 산업 제휴를 내세우면서 게토[격리된 빈민 거주지]화된 이 지역 사회를 치켜세웁니다.

그러나 주민이 60만여 명(대부분이 유색 인종)에 이르나 보더스 서점이나 반스앤노블 서점 하나 없고 어떤 종류의 풀 서비스 서점도 찾아볼 수 없는 사우스브롱크스같이 궁핍한 지역에 있는 가난한 극단과 그 외의 재정 지원을 못 받는 단체들을 낭만적으로 미화하는 것은 공장의 어셈블리라인에서 생산되는 수많은 공산품처럼 생겨나는 소규모 학교에 몰아넣어진 아이들에게 이롭지 않습니다.

물론 스스로를 정치적·사회적으로 진보적 개혁주의자 또는 온건 개혁주의자라 여기는 사람들은 '피해자에게 책임지우기'를 싫어합니다. 그러나 '피해자 치켜세우기'는 요즘 가장 선호되는 관습으로, 특히 백인 소유의 미디어에서 선호합니다. 이 미디어들은 인종적으로 소외된 자들이 거주하는 지역에서 문화적 또는 경제적 활력을 조금이라도 발견하면 그것을 강조하여 인종 분리된 도시들이 받아야 할 비난을 막고 고위층 독자들로 하여금 죄의식을 느끼지 않게 하려고 늘 애쓰지요.

"어머, 풍부한 문화 자원이 있군요. 놀라운 합창단과 이 지역 고유의 발레단⋯⋯."

소수의 특정 단체에 초점을 맞춰 이 궁핍한 지역을 바라본다면 맞는 말입니다. 저는 그 자체로 보배라 할 수 있는 이런 단체들과 긴밀한 관계를 맺어왔고, 그들이 요구할 때면 최선을 다해 그들의 프로그램을 보강하고 홍보해왔습니다. 그러나 이들은 그 수가 너무 적고 너무 가난해서 수많은 소규모 학교들에 지속적이고 풍부한 혜택을 주기엔 역부족입니다. 반면 뉴욕의 그리니치빌리지 같은 지역의 재원이 탄탄한 고급 학교들은 그 지리학적 위치와 학부모의 영향력 덕택에 문화적으로 풍부한 혜택을 받습니다.

여하튼, 이런 불평등 문제가 때때로 비영리 단체의 후원으로 해결된다 하더라도 도심 빈민 거주지에 위치한 중학교와 고등학교 학생의 겨우 5~10퍼센트만이 현재 존재하는 모든 소규모 학교와 향후 10년 동안 생기게 될 차세대 소규모 학교들을 이용할 수 있습니다. 프란체스카 선생님, 선생님이 처음 보스턴에 도착했을 때 말씀하셨듯이, 이 방법은 잘해도 미국의 인종 차별적이고 불평등한 학교 문제를 해결하기에는 너무 빈약하고 불충분하고 예외적인 방법입니다.

그런데도 중산층과 고위층 학교 학생들과 유색 인종 거주지 학생들 사이의 계속되는 학력 격차라는 문제에 직면한 학교 행정가들은 최신 '개념(concept)', 유행하는 '혁신적 방법', 만병통치약으로 간주되어 무분별하게 추진되는 방법 등 전국을 휩쓸고 등장하는 시류라면 무엇이든 거기에 합류하려는 듯합니다. 모든 문제를 해결해줄 만병통치약처럼 여겨지는 방법을 추진함으로써 그들이 변호해야 하는 인종 차별적인 현재의 불평등한 상황을 거론하지 않아도 된다면 그들은 더 그러고 싶을 것입니다. 많은 분들이 저한테 분명히 알려주셨듯이, 그런 말들은 그들의 목 주위에 맨 올가미를 언제든 원하는 때에 잡아당길 수 있는 기업들이 가장 싫어할 테니까요.

저는 도심 학교의 행정가들(이 중에는 최대 규모의 교육구를 관할한 경력이 있는 분들도 있었지요)과 여러 차례 허심탄회한 대화를 나누며 그들의 솔직한 이야기를 들었습니다. 그들은 교육청에서 일하던 몇십 년 동안 흘러들어왔다가 사라지곤 하던 일련의 '해결책'들을 추진할 때 흔히 사용되던 과장과 허풍에 대해 신랄한 풍자를 서슴지 않았습니다.

이렇게 솔직하지만 이 행정가들 대부분은 재직 중에는 십 년 동안 또는 그 해에 유행하는 '새 해결책(solution)'에 순순히 따라야 함은 물론 적극적으로 지지할 수밖에 없다고 생각합니다. 미국에서 가장 자금력이 탄탄한 빌&멜린다 게이츠 재단이, (우리가 앞서 살펴본 결함과 이 학교들 상당수가 기여하는 인종 분리의 심화에도 아랑곳하지 않고) 소규모 학교의 설립을 추진하는 지역에 상당한 액수의 자금을 지원하려는 현 시점에서는 더욱 그럴 거예요.

이삼 년 전에 제가 어느 회의에서 톰 밴더 아크라는 호감이 가는 사람을 만난 일을 언젠가 말씀드렸을 거예요. 그 사람은 게이츠 재단의 교육 정책 담당자였는데 시애틀에 있는 그의 고향 마을에서 제가 발표를 했을 때 만나게 되었지요. 그 발표에서 저는 미국 내 학교의 인종 분리—미국 민주주의라는 몸에 기생하는 암세포 같은 것—라는 현실적 문제를 종결하기 위한 쓸모 있고 비논쟁적인 해결책을 제공하는 듯 보이는 유혹의 말에 넘어가지 말라고 호소했습니다.

그는 발표가 끝나자 온화한 표정으로 제게 다가와서는, 놀랍게도 제가 발표한 내용이 아닌 '시 읽기'의 가치에 대해 이야기를 나누고 싶다고 하더군요. 그는 어렸을 때에는 시를 많이 읽지 않았지만 최근에 시인 릴케에 심취해 있다고 했지요. 그 순간 저는 제가 존경하는 시인—릴케는 선생님이 가장 좋아하는 시인이기도 하다는 것을 저는 잊지 않고 있습니다—에 대해 말할 기회를 갖게 되어 기뻤어요. 나중에 제가 호텔에 혼자 남자 제가 발표에서 지적한 내용을 그가 제대로 받아들였는지 의아해졌습니다. 어쩐지 제가 말한 모든 내용이 쓸모없는 것으로 치부돼버린 것만 같아 편치 않았습니다. 제가 말을 제대로 하지 못했다는 생각이 들었어요. 아무래도 그는 제가 '좋은 사람'이기는 하지만 교육적인 관점에서 보면 너무 순진하고 낭만적인 바보라고 결론을 내린 것 같았지요.

그 일이 있은 뒤 오래지 않아, 게이츠 재단이 상당한 액수의 교육 자금을 '새로운 해결책'에 지원하기로 했다는 발표가 났습니다. 곧 더 많은 소규모 학교(간혹 친밀한 분위기의 학교가 되기도 하지만, 흔히는 인종 분리된 불평등한 학교이기 쉬운)가 생겨나게 된 것이지요. 한편 시애틀에서 인종 통합 교육 운동을 지휘하는 사람들은 탄식하며 제게 말했습니다. 게이츠 재단이 엘리트주의 소규모 학교인 센터 학교(Center School)에 설립 자금을 지원했다고 말이죠.

막대한 재원을 보유한 게이츠 재단의 책임자들은 겸손함까지는 아니더라도 분별을 갖고 있다면 자신들의 경솔한 결정을 다시 검토하고, 학생을 등록할 때 인종 분리를 줄이기 위해 적극적인 노력을 할 것을 공식적으로 약속한 소규모 학교에만 지원함으로써, 사회에 피해를 입히는 실수를 더는 저지르지 않을 것입니다. 그리고 소규모 학교 광풍(이 재단 또한 일으키는 데 한몫 했던)에서 벗어나, 인종 분리가 극심한 도심부에서 자동차로 10~20분도 안 걸리는 교외 지역에 인센티브를 제공하고 지역 간 통합 운동

(예를 들면 제가 보스턴 외곽에서 가르칠 때 근무했던 학교를 비롯하여 루이빌, 세인트루이스, 그리고 기타 메트로폴리탄 지역에서 그 비슷한 성공적인 예를 찾을 수 있는 그런 학교를 모델로 하는)을 지원하는 데 재원의 많은 부분을 할애할 것입니다.

이 모든 프로그램은 선생님도 아시다시피 주 정부의 지역 수준 예산 긴축으로 인해 현재 심하게 위협받고 있습니다. 아울러 이제 곧 내려질 대법원 판결 역시 모든 인종 통합 프로그램을 위한 공공자금의 지원을 중단시킬 것입니다. 심지어 완전히 자발적인 경우, 또는 교외 지역이 열성적으로 참여하는 경우, 또는 온갖 난관을 무릅쓰고 몇천 명의 흑인과 히스패닉 아이들이 재원이 더 풍부하고 좋은 학교에 들어가기를 희망하며 기다리는 경우에도 말이지요. (최근에 여기 보스턴의 프로그램 책임자는 현재 대기하고 있는 아이들이 1만6천 명에 이른다고 하더군요. 이는 이 도시에 사는 유색 인종 아이들 수의 거의 3분의 1에 해당합니다.)

그러므로 지금은 거대 재단이 보조금으로 정말 용기 있는 행동을 할 수 있는 상황이지요. 부당함의 가장자리를 만지작거리는 데서 그치는 대신 커다란 망치를 휘둘러 현재의 인종적 상황을 바꾸기 위한 노력을 해야 합니다. 선생님의 말소리가 들리는 듯합니다.

"너무 기대하지 마세요!"

그러나 제가 지금껏 살아오며 적어도 두세 번은 대단한 권력을 가진 사람들이 기꺼이 자신의 생각을 재고하여 이미 선택한 경로의 방향을 바꾸는 것을 보고 놀란 적이 있습니다.

(제가 아는 시애틀의 많은 선생님들처럼) 결의가 굳은 선생님들과 교장들로 이루어진 거대한 단체, 종교 지도자들, 그리고 '분리하되 평등한' 교육이 시도된 이래 백여 년 동안 효과가 없었고 향후 백 년 후에도 더 나아지지 않을 거라고 믿는 수많은 양식 있는 시민들이 이런 메시지를 가지고 게이츠 재단에 몰려가지 않는 한 좋은 결과를 기대할 수 없을 것입니다.

우리의 목소리를 내려면, 한 도시 또는 한 지역의 열성적인 교사들과 그 동지들이 산발적으로 벌이는 시위만으로는 불가능합니다. 신뢰할 만한 판단력을 지닌 매리언 라이트 에델만(Marian Wright Edelman. 흑인 여성 변호사. 헤드스타트 프로그램 창시자)은 최근에 나타난 역행을 전환하여 다시 앞으로 나아가기 위해서는 이 나라에 또 한 번의 시민적 격변이 필요하다고 말합니다. 그녀는 40여 년 전 남부에서 투쟁했던 개인적 경험을 토대로 이런 확신을 하게 된 것입니다. 선출된 지도자들이 윤리적 혐오감을 일으키는 일에 항거할 도덕적 군건함이 없다면 나라를 잠에서 깨어나게 하기 위해서는 정열적인 운동가들이 대규모 운동을 일으켜야 한다고 말이지요.

수많은 교사들과 그 외의 아이들의 권익을 옹호하는 사람들 대부분이 너무나 방어적 태도에 머물러 있는 반면 보수주의자들의 세력은 하늘 높은 줄 모르고 드높아져 선생님과 제가 믿는 거의 모든 신념을 거리낌 없이 무시할 때면 저는 의기소침해져 이런 거국적 운동을 상상하기 어려워집니다. 선생님 같은 젊은 분들이 이런 제 생각이 틀렸다는 것을 증명해주기를 바랍니다. 그리고 선생님이 그래주신다면—그리고 실제로 그런 일이 일어난다면—되도록 빠른 시일 내에 일어나기를 바랍니다. 저도 기꺼이 동참하겠습니다.

14 증인으로서의 교사

친애하는 프란체스카 선생님

선생님과 편지를 주고받기 시작한 지도 거의 8개월이 되어가는군요. 올 가을에 지금 가르치고 계신 아이들과 함께 2학년으로 진급하신다니 축하드립니다. 이는 '루핑'(looping. 1년 동안 공부했던 교사와 학생들이 함께 다음 학년으로 올라가는 것)이라는 것으로, 그 후에는 그 아이들과 또 3학년으로 올라가거나 아니면 다시 돌아와 1학년 새 학급을 맡게 될 거라고 하셨지요.

어쨌든 선생님은 샤니쿠아, 도비, 아르투로를 비롯한 여러 아이들과 또 한 학년을 함께 할 수 있게 되셨어요. 선생님 학교의 교장선생님이 선생님의 이런 뜻에 동의해주셨다니 다행이에요. 하긴 교사와 학급 아이들 사이가 좋은데 막을 이유가 없겠지요.

더는 선생님을 '초임' 교사라 불러서는 안 되겠다는 생각이 들었습니다. 이제 아주 편안하고 차분해 보이십니다. 선생님은 여전히 배울 게 많다고 말씀하시지만, 제가 프랜시스 듀크스 선생님 같이 노련한 교사를 예로 들며 언급했던 교사로서의 권위를 벌써 체득하신 것 같습니다. 그리고 다행히 선생님 학교의 교장 선생님이 선생님과 교육 정책에 대한 생각이 상당히 비슷하셔서 선생님은 자유롭게 생각을 말할 수 있고 필요할 때 이런 문제들에 대해 분노를 터뜨릴 수 있는 것입니다.

그러나 편지나 전화로, 또는 학교를 방문했을 때 저에게 속사정을 털어놓은 다른 수많은 교사들의 상황은 선생님의 상황처럼 우호적이지도 자유롭지도 않았습니다. 일반적으로 그 선생님들이 가르치는 학교는 학업 성취도가 낮은 학교여서, 이런 학교의 교장은 교육부나 지역 교육청에서 내려 보내는 새로운 성적 책임 방침의 경고와 지시에 굴복해야 한다고 느낍니다. 이 선생님들은 이런 지시에 따르지 않으면 해고될 위험에 처하게 되므로 너무나 자주 자신의 불만을 억누르고 그들이 다녔던 교외의 좋은 학교에서는 용납되지 않았을 교수법에 순응합니다.

모든 아이들이 흑인이거나 히스패닉인 학교에서 근무하는 이 선생님들 가운데 일부는, 불평등한 인종 분리 교육을 받아들이고 이의도 제기하지 않는 옛 질서로 역행하는 현 추세를 한탄합니다. 그러나 나이 많은 지인들이나 다른 선생님들은 이런 불만을 너무 솔직히 드러내면 위험해진다고 충고를 한다고 합니다. 때로 이런 위험을 가장 크게 걱정하시는 분은 그 선생님들의 부모님이시지요. 처음에는 교사가 되는 것을 달가워하지 않으셨지만 일단 선택을 한 이상 교직 경력에 해를 끼칠 말이나 행동을 하지 않기를 바라시는 거겠지요.

저는 이 젊은 이상주의자들에게 세상은 나이 든 세대가 걱정하는 것만큼 그렇게 위험하지 않다는 말을 해주고 싶습니다. 미국은 1만4천 교육구에 9만3천 개의 공립학교를 가진 커다란 나라입니다. 이중에는 우리와 관심사가 상당히 비슷한 훌륭한 행정가들이 관할하는 교육구도 있습니다. 실제로 도덕적 원칙을 지키기 위해 싸우다 일자리를 잃은, 제가 아는 선생님들은 모두가 일년 안에 더 좋은 일자리를 찾았습니다. 제가 가장 안타까워하는 선생님들은 자신의 신념과 이상에 따라 행동하지 못하여, 대의를 위한 투쟁의 참맛을 모르고, 부분적이나마 승리의 전율을 느껴보지 못한 분들입니다.

그래서 자꾸 되풀이하여 이런 말씀을 드리는 것입니다. 교사는 학교 내의 모임이나 지역 선생님들의 모임에서 조용하고 차분한 방식으로 증언하든, 좀 더 큰 규모의 교육회의와 교육 저널, 주류 미디어 등에서 더 용기 있게 의견을 피력하든, 매일 교육 현장에서 눈으로 목격한 것들을 증언해야 합니다. '증언'은 진보적이고 동정심 많은 종파의 성직자들에게 익숙한 용어입니다. 전에도 말씀드렸듯이, 증언은 우리 교사들의 특권이자 책임이라고 생각합니다.

이쯤에서 제가 여러 해 전 록스베리에서 교직을 시작했을 때 얼마나 소심했는지 잠깐 언급하고 넘어가는 게 좋을 듯합니다. 사실 저는 문제를 일으키게 되지는 않을까 걱정이 되어 무척 조심했습니다. 그래서 처음에는 그 가증스런 체벌 관행에 대해서도 신중한 태도였지요. 아이를 지하실에 데리고 가서 매질을 하는 것은 완벽한 가학 행위라 여기면서도 잠자코 있었습니다. 돌이켜 보면, 제가 담당한 1학년 학급 학생들이 이런 체벌을 받는 것을 묵인했던 저 역시 공범자였다는 생각이 듭니다.

봄이 되어, 12명의 교사들을 거치면서 일 년 동안 거의 교육을 받지 못한 학급으로 옮겨가게 되었을 때에야 저는 제 학급 아이들에게 분명한 말을 하기 시작했고 잠시 학교 관리자들의 걱정을 샀던 학교 외부 활동을 시작했습니다. 전에도 말씀드렸듯이, 아이들의 집을 방문하기 시작했던 거지요. 이 일로 교장선생님은 언짢아했으나 그분의 반응은 기껏해야 훈계였고 그것도 제 안전을 염려하는 듯한 말투였습니다.

그 해 마지막 주가 되어서야 저는 무언가—나중에야 저는 이게 직접적인 대결이었다는 것을 알게 되었지요—를 할 용기를 낼 수 있었습니다. 사실 거의 우연히 하게 된 것이었고 그 일이 어떤 비난과 분노를 불러올지 거의 생각해보지도 않았지요.

어느 날 저는 하버드 광장의 어느 서점에서 랭스턴 휴즈의 시집을 발견했습니다. 전에도 말씀드렸듯이 저는 그 해에 처음으로 그 시인에 관해 듣게 되었지요. 저는 그 책을 집어 들고 와서 그날 밤 끝까지 다 읽고, 마음에 드는 시 몇 편을 표시해두었습니다. 그리고 그 다음날 아침 그 책을 학교로 가지고 갔지요. 저는 학생들이 적어도 몇몇은 이 시집에 관심을 보이겠거니 하는 기대만을 했는데 제 손에 들린 그 책을 보고 아이들이 교실에 들어올 때 보인 반응은 제 예상을 뛰어넘는 어떤 것이었죠. 제가 막 책을 펼치려 할 때 표지의 저자 사진이 아이들 눈에 띄었나 봅니다. 맨 앞줄에 앉은 아이가 그 옆에 앉은 아이에게 속삭였습니다.

"저것 좀 봐! 지은이가 흑인이네!"

저는 그 책에 수록된 시 몇 편을 읽어주었습니다. 그중에는 집주인이 비가 새는 지붕과 부서진 계단을 수리해주기 전에는 집세를 내지 않겠다고 버티는 흑인 이야기도 있었지요. 결국 그 남자는 집에서 쫓겨나고 구속되었는데, 이는 아이들이 이웃에서 흔히 보아온 일이었지요. 저는 그 유명한 시 〈지연된 꿈(A Dream Deferred)〉도 읽어주었습니다. 선생님도 언젠가 선생님 반 아이들에게 이 시를 읽어주었다고 하셨죠.

그때 우리 반에는 다른 아이들보다 키도 크고 턱 선이 마치 조각처럼 예쁜 여학생이 있었어요. 그때껏 몇 주 동안 그 아이의 관심을 끌기 위해 아무리 노력해도 그 아이는 저한테 마음을 터놓지 않았습니다. 그 아이는 언제나 교실 맨 뒷줄에 앉아서 냉소적인 경계심과 고집스런 완고함을 눈에 가득 담은 채 저를 바라보았지요. 반 아이들 중 그 아이만이 그 해에 학교에서 받은 피해를 완전히 알아차린 것이고, 그래서 백인 어른인 저를 용서할 수 없는 것이라는 생각이 들었습니다.

그러나 제가 〈지연된 꿈〉을 읽어주었을 때 잠시 침묵이 흐른 뒤 놀라운 일이 벌어졌습니다. 오랫동안 저한테 그토록 적대적이었던 그 냉랭한 표정의 아이가 조용히 일어나더니 그 아이와 나 사이에 놓인 다섯 줄을 돌아 그 나이답지 않은 차분함과 자신감과 위엄을 지닌 채 제 쪽으로 걸어왔습니다. 그러고는 살며시 제 팔을 잡더니 어머니한테 보여줄 수 있게 그 책을 빌려달라고 부탁했습니다.

이튿날, 수업이 시작되기 전, 그 아이는 전날 밤에 그 시를 외웠다고 제게 말했습니다. 허락을 구한 뒤 아이는 내 책상 옆에 서서 반 아이들에게 시를 읊어주었습니다. 일 년 내내 그 아이의 주위를 감싸고 있던 얼음이 깨져나가는 순간이었습니다. 적어도 그때만은 그 아이의 얼굴에서 경계심이 사라지고 없었지요.

프란체스카 선생님, 그 책을 학급에 가지고 갈 때만 해도 저는 제가 무슨 일을 하는지 치밀하게 생각하지 못했다는 사실을 다시 한 번 말씀드려야 할 것 같아요. 제가 중요하게 생각했던 건 그 책의 저자가 흑인이라는 사실이었습니다. 그 교실에는 흑인이 쓴 책이 단 한 권도 없었고 심지어 교과서에 수록된 짧은 글의 지은이조차 흑인인 경우는 없었습니다. 아울러 저는 우리 반 학생들이 근사한 모양의 새 책을 보고, 버석거리는 종이에 갓 출간된 책에서 나는 알싸한 잉크 냄새를 맡게 되기를 바랐습니다. 교실에 있는 책과 교과서는 전부 낡고 누덕누덕한—그래서 아이들은 '누더기'라고 부르지요—10~20년 전에 출간된 것들이었거든요.

저는 독서가, 누덕누덕한 책에 세로줄로 인쇄된 회색 잉크와의 따분하고 고리타분한 만남이 아니라 매력적으로 디자인된 강력하고 감동적인 것과의 만남이라는 것을 알려주고 싶었습니다. 그래서 제가 한 일에는 아주 용감하거나 대담한 그 무엇도 없었지요. 하지만 이 일로 어떤 대가를 치르게 될 거라는 막연한 예감이 들기는 했어요.

결국 예감이 맞더군요. 일주일도 채 안 되어 저는 교장실로 불려갔지요. 교장은 제가 비난받아 마땅한 행동을 했기 때문에 해고하겠다고 하더군요. 보스턴 지역의 학교들을 감독하는 장학사가 저는 명령을 위반했기 때문에 보스턴의 어느 학교에서도 다시는 교단에 설 수 없다고 했다는 거예요. 제가 저지른 공식적인 죄목은 '교육 과정 이행 위반'이었어요. 제가 4학년 교육 과정에 포함되지 않은 랭스턴 휴즈의 시를 아이들에게 읽어주었기 때문이라는 것이죠.

선생님도 기억하시겠지만, 봄에도 저는 학생들에게 로버트 프로스트며 윌리엄 버틀러 예이츠의 시들을 읽어주었습니다. 그 시들 역시 교육 과정에 포함되지 않은 것이었어요. 그때는 교장의 비난이 없었습니다. 오히려 그는 제가 로버트 프로스트의 시를 아이들에게 읽어주어 기쁘다면서, 집에서는 문화적 혜택을 누릴 기회가 없는 아이들에게 문화적 결핍을 보완해줄 수 있을 거라고 했지요. 그러나 장학사가 못 박아 이야기했듯이 랭스턴 휴즈의 시는 완전히 다른 범주에 속하는 것이었습니다.

"우리는 교사들에게 흑인 방언으로 된 문학 작품을 사용하라고 지시할 수 없습니다."

그 장학사는 말했습니다.

"우리는 아이들의 그런 말버릇을 고쳐줘야 합니다. 아이들에게 바르게 말하는 법을 가르쳐야 하죠."

장학사는 특히 세입자와 주인을 소재로 한 그 시를 거론하며 이렇게 말하더군요.

"문법적으로 틀린 표현이 많아 우리가 고쳐주려는 아이들의 말버릇을 더욱 고착화시킬 거예요."

후에 보스턴 학교 위원회(Boston School Committee)의 한 회원은 저 같은 교사들은 '인격이나 성격 면에서 교직에 적합하지 않으므로' 해고되는 경우가 많다는 내용의 보고서를 발표했습니다. 그리고 '문명화된 사회에서 우리 모두가 준수해야 하는 규칙이나 규정을 지킬 자제력이 부족한 사람은 고도의 책임감이 요구되는 교직에 적합하지 않다'고 그는 결론지었습니다. 그런데 정작

213

이런 글을 썼던 그 사람, 토머스 아이젠슈타트라는 정치적 야심가는 10년 후 공공자금을 횡령한 일이 발각되어 정치계를 떠나야 했지요.

교장은 제가 학생들에게 작별 인사를 하거나 해고되었다는 사실을 말하지 못하게 했습니다. 그러나 수업이 끝나고 다른 아이들이 집으로 돌아간 뒤에도 저와 함께 남아 있고 싶어 했던 한 아이가 제 책과 그림, 파리 지도, 그 밖에 제가 교실을 꾸미는 데 썼던 포스터 등을 꾸리는 것을 도와주었습니다. 학교 앞에 세워둔 차에 물건들을 실을 때 저는 그 아이에게 작별 인사를 하면서, 다시 학교에 오지 못할 거라고 말해주었습니다―그 아이가 눈치를 챈 것 같았거든요. 그 아이가 이유를 물었지만 저는 그저 교장선생님과 다퉜다고만 말했습니다. 그리고 저는 그 아이에게 다른 아이들에게도 작별 인사를 전해달라고 부탁했습니다. 그 아이는 진지한 표정으로 제 말을 듣더니 꼭 전해주겠다고 약속했습니다.

집에 오자마자 저는 당시 그곳 지역 사회의 인권 운동 단체들을 사실상 지휘하던 성공회 목사이자 그 해에 저의 친구가 된 짐 브리든에게 전화를 걸었습니다. 평소에는 유순하기만 한 그분은 제가 해고된 이유를 듣자 격분하셨지요.

그때부터 소문이 빠르게 퍼져나갔고, 제가 담당했던 학생들의 학부모 가운데 몇몇 분이 지역 조합원의 도움을 받아가며 다른 학부모들의 집을 찾아가서 그날 오후에 일어난 일을 알렸습니다. 앞문에 대답이 없으면 부엌 문을 두드렸습니다. 집에 아무도 없으면 이웃에게 말 좀 전해달라고 부탁했습니다. 이들이 남긴 전언은 간단했습니다. 아이들에게 '흑인이 쓴 좋은 시'를 읽어주었다는 이유로 교사가 해고되었다. 학부모의 반응은 놀라울 정도로 강렬했습니다.

동네 교회에서 회의가 소집되었고, 학부모들은 저에게 그 교회로 와서 해고된 경위를 이야기해달라고 부탁하더군요. 그리고 제가 처음 그 학급을 맡았을 때 교실에 비치되어 있던 교과서와, 그 학교의 전체적인 분위기, 그리고 아이들이 견뎌야 하는 학교의 시설 부족 등에 대해서도 자세히 이야기해달라고 요구했습니다.

그때 갑자기 밀려왔던 공포감이 생생하군요. 저는 회의장에 늦게야 도착했는데, 그 해에 알게 된 학부모 가운데 한 분의 격려가 없었다면 수줍음을 극복하지 못하여 교회 안으로도 들어갈 수 없었을 거예요. 교회 안에는 그 해 전체를 통틀어 학교에서든 그 지역에서든 제가 보았던 학부모 모임 가운데 가장 많은 사람들이 모여 있었습니다. 사친회(PTA)에 모이곤 하던 15명, 20명, 30명 수준이 아니었습니다. 우리 반 아이들의 학부모를 비롯하여 200여 명의 학부모들이 있었습니다. 작별 인사도 하지 못했던 아이들도 맨 앞줄에 여럿 앉아 있었습니다.

학부모들이 모일 수 있도록 도와준 보스턴 NAACP〔National Association for the Advancement of Colored People. 전미(全美)유색인지위향상협회〕회장은 제가 긴장한 것을 보고 제 어깨에 팔을 두르고는 무대로 저를 이끌었습니다. 그가 제 차례라고 말하자 저는 두려움을 극복하려고 안간힘을 썼습니다. 외부에서 온 백인인 저는 그 자리에서 말할 권리가 없는 것만 같았지요. 그리고 앞에 앉아있는 우리 반 학생들을 보니(그중 몇몇은 울고 있었습니다) 울컥해서 간단한 말 몇 마디 외에는 할 수가 없었습니다. 학부모들은 제가 수줍어하는 이유를 이해하는 것 같았습니다. 그날 밤 사귄 친구들 중 몇몇은 평생 연락을 주고받는 가까운 사이가 되었지요.

제가 해고되고 그 다음 월요일이 되자 우리 반 학부모 가운데 25명쯤은 항의의 표시로 아이들을 집에 있게 하고 대신 당신들이 학교에 나와 아이들 자리에 앉아서 시위를 했습니다. 일주일 뒤에는 보스턴 학교 위원회 청사 앞에서 훨씬 더 큰 시위가 벌어졌습니다. 이번에는 흑인뿐 아니라 백인들도 대거 참여했지요. 이들은 TV 카메라의 조명을 받으며, 보스턴 시의 교육 관료들에게 오로지 다른 피부색으로 태어났다는 이유만으로 수많은 아이들의 영혼을 파괴하는 행위를 더는 용인하지 않겠다는 메시지를 전하는 행진을 했습니다.

저는 이따금 이 이야기를 선생님과 저처럼 풍족한 백인 거주지에서 성장한 뒤 지금은 도심 빈민 거주지의 학교에서 근무하는 젊은 교사들에게 들려주며, 제가 처했던 것과 같은 상황에 처하게 되었을 때 흑인 학부모들이 보여줄 예의와 의리를 과소평가하지 말라고 당부합니다. 때로 분열을 조장하는 듯한 흑인 중심적 웅변을 듣게 되긴 합니다만, 제가 경험했던 도심부 빈민 지역의 학부모들의 경우 아이의 교육에 관해서만은 피부색 때문에 분별을 잃고 그릇된 판단을 하는 일은 없습니다.

그들은 우리가 자신의 아이들을 교육 체제—그들 모두가 어린 시절의 경험을 통해 잘 알듯이 그들과 같은 인종에게는 좀처럼 평등한 기회를 주지 않는—에서 살아남도록 돕기 위해 최선을 다한다고 생각할 때 인종이 다른 것은 문제삼지 않지요. 우리가 경험 없는 교사거나 저의 경우처럼 거의 준비가 되지 않은 상태에서 교직을 시작했다 하더라도 당시 제가 알게 되었던 대부분의 학부모들은 교사(어떤 인종 출신이든)가 아이들 교육에 전념할 때 재빨리 알아차립니다.

선생님이 지난 일 년 동안 학부모와 쌓은 따스한 정과, 그분들이 선생님께 보여준 신뢰와 호의는 교육대학 학생들이 인종 관련 강좌에서 좀처럼 듣지 못하는 것들입니다. 이런 강좌에서는 우리를 하나로 결속시키는 공통의 관심사보다는 우리를 구분하는 요소에 더 많은 주의를 기울입니다. 그러나 선생님이 선생님 반 학부모 회의에서 학부모들(자신의 인종 문제에 대해 강한 주장을 갖고 있는 분들도 포함하여)한테서 얻은 강한 연대감에 대한 이야기는,

차이를 이해하기 위해 마련되었으나 간혹 너무 위압적인 수업으로 인해 결국 근거 없는 불안만 키우게 되는 사회학 강의를 듣고 잔뜩 겁먹은 젊은 교사들에게 교육 현장의 모습을 전해줄 것입니다.

저는 이 교육대학 학생들이 선생님과 같은 상황에서 가르친 경험이 있는 젊은 교사들을 만날 기회가 더 많았으면 합니다. 그분들에게는 인종 간의 골을 더 깊게 하는 '헤게모니의 변화'에 관해 난해한 용어를 써가며 낭비할 시간이 없습니다. 대신 노력과 사랑, 그리고 타고난 감수성으로 인종 차를 극복하는 법을 체득했고, 그랬을 때 그 끝에는 신뢰와 사랑, 친절과 관대함이 기다리고 있음을 알게 된 분들이지요.

프란체스카 선생님, 제가 보스턴에서의 제 경험을 다른 선생님들에게 '전략적 개입'의 모델로 제시하는 게 아님을 여기서 덧붙이지 않는다면, 해야 할 일을 하지 않은 의무 태만이 될 것입니다. 제가 말씀드리고 싶은 요지는 교사로서의 일을 잃지 말라는 것입니다! 다시 말해 자신의 인격이나 개성을 잃지 않은 채, 그리고 아이들과 함께 하는 교사의 일을 영혼 없는 커리어 가운데 끼워 넣어진 하나의 역할이 아닌 진정한 의미의 '소명'으로 인식하게 하는 이상(理想)을 포기하지 않은 채 모순된 상황을 헤쳐나가는 방법을 찾아야 한다는 것이지요.

여하튼 대부분의 학교는 제가 일했던 곳만큼 시대에 뒤지거나 야만적이지 않고, 대부분의 교장들은 지역의 학부모들을 무시하지 않습니다. 대부분의 교육 행정가들은 인종 차별주의자들이 아니고, 1965년에 보스턴의 학교들을 관할했던 사람들처럼 전제적이지 않습니다. 일반적으로 교사가 가르치는 타임 라인에 '위글리'와 '와블리' 같은 단어들을 넣을 수 있을 만한 여지는 있습니다. 일반적으로 애벌레와 그 외의 털 있는 생물과, 아이들에게 너희들은 아직 아이들이고 그래서 세심한 보살핌을 받아야 한다는 것을 일깨워주는 문구가 적힌 동물 인형 등을 교실에 들여올 여지도 있습니다. 규정된 수업 계획의 일직선에서 벗어나 다른 것을 가르칠 수 있는 여지도 있습니다. 그리고 수많은 교사들은 지정된 교육 과정에 포함되어 있지 않은 내용을 가르치면서도 눈에 띄지 않으려면 필요 이상으로 주목을 끌지 않아야 하고 그러려면 어떻게 해야 하는지 압니다.

그러나 이 모든 것들이 여의치 않아 교사가 용납할 수 없는 관행을 분명하고 직접적인 말로 비난할 수밖에 없다면, 그리고 그 결과 해고되거나 해고될 위험에 처한다면, 교사는 이런 상황을 수동적으로 받아들여서는 안 될 것입니다. 그 순간을 기회로 잡아 분별 있는 미국인이라면 충격과 분노를 느낄 파괴적인 교육 방침을 지적하고 분명히 밝혀야 합니다. 다시 말해, 이런 상황에 처한 교사들은 정치적으로 말하고 행동할 준비를 해야 합니다.

하긴 선생님처럼 정치적 신념에 대한 굳건한 믿음도 도덕적 기질도 없는 거의 모든 사람들에게는 이런 가능성을 숙고하는 것조차 어려운 일이라는 것을 압니다.

자라면서 인권 운동의 역사와 전통, 위대한 지도자들의 말, 그들의 용감한 행동과 희생 등에 심취해본 적이 있고, 지금은 자신이 용기를 내야 하는 상황에 처한 수많은 교사들은 교사로서의 소명 — 상대적으로 조용하고 비논쟁적인 성격을 지닌 역할로 간주되는 — 과 공립학교의 불평등한 상황을 목격한 증인으로서의 '또 다른 소명'을 조화시키기 위한 내적 분투에 대해 제게 말합니다.

이 교사들 대부분은 그 유명한 킹 목사의 말 '저는 산꼭대기에 가 보았고…… 약속의 땅을 보았습니다'를 잘 압니다. 많은 교사들은 킹 목사가 암살되기 전날 밤에 연설했던 이 말을 교실 벽에 붙여놓습니다. 미국 정부와 역사에 관한 고등학교의 수업 시간에, 또는 킹 목사의 탄생을 축하하는 1월의 초등학교에서 흔히 이 포스터를 볼 수 있습니다.

그러나 지난 20여 년 동안 우리가 들어온 거의 모든 공적인 목소리는 우리에게 산에서 눈을 거두고 대신 문제의 소지가 덜한 평지로 눈을 돌리라고 충고했습니다. 직업을 구하고 이력서를 쓰는 데 도움이 되는, 그리고 개인의 안전이 보장되는 그런 평지로 말이지요. 그것은 공기 중에 '당장 자유를(Freedom Now)'이라는 외침이 가득하고, 젊은이들은 킹 목사는 말할 것도 없고 존 루이스[John Lewis, 1940~. 인권 운동가이자 정치인]와 밥 모지스[Bob Moses, 1935~. 인권 및 교육 운동가]같이 윤리적으로 탁월한 지도자들을 본보기로 삼아 신념에 따라 행동하기 위해서는 목숨이라도 걸 태세였던 시절 그들 또래의 사람들이 기꺼이 감수하려 하던 위험을 요즘 젊은 교사들에게 요구하기가 그토록 어려워진 이유 중 하나입니다.

그래서 저는 제가 아는 선생님들 중 가장 용감한 분들에게 일관성 있는 저항 정신을 구축하여 다른 교사들로 하여금 교육자로서뿐 아니라 시민으로서 소리 내어 말할 의지를 북돋워줄 것을 당부하는 것입니다. 이미 수많은 주요 도시들에서 이런 일을 하는 교사 단체가 있습니다. 이들은 전에는 목소리를 내지 못하던 교사들과, 가능한 경우 교장들과 대학에서 교편을 잡고 계신 분들, 그리고 교육대학 학생들까지 설득하려고 노력합니다. 이들의 목표는 주와 연방 정부에서 강요하는 가혹한 인종 차별적 관행에 저항하기 위해 정치적 경험이 많은 교육자들로 네트워크를 구축하는 것입니다.

미국 정부의 관료들 중에는 교사들이 '너무 정치적'이라고 주장하는 사람들이 있습니다. 저는 이런 주장에 반대합니다. 문제는 그렇지 않은 데 있으니까요. (교사들은 정치적이지 않습니다. 교직원 노동조합을 두고 하는 이야기가 아닙니다. 물론 노동조합은 정치적인 단체임이 틀림없습니다. 저는 지금 교사 개개인에 대해 이야기하는 것입니다.)

공립학교 교사들이 강력한 정치적 신념을 갖고 있지 않다는 뜻이 아닙니다. 제 말의 의미는 너무나 많은 교사들이 자신들이 감지한 교육 여건을 바꾸기 위해 실제로 어떤 행동—우리 역사의 다른 시기에 운동가들이 의존했던 전략—을 취할 수 있는지 전혀 모른다는 것입니다. 자신의 신념에 따라 행동할 경우 처하게 될 위험을 전혀 두려워하지 않는 사람들조차 이 일을 어떻게 시작해야 할지 전혀 모르지요.

자기도 모르는 사이에 소심함과 자기 은폐를 추구하게 되는 요즘의 문화에서 1950년대나 그 이전 시대의 교사 양성 대학을 상기시키는 교육대학을 나온 교사들도 있습니다(다행히 많지는 않지요). 이런 교육대학에서는 미래의 교사들에게 물의를 일으킬 것 같아 보이는 문제에 대해서는 열정적 신념을 가지지 않은 듯 행동하라고 가르칩니다. 이 교사들 중 몇몇은 소중하고 즐거운 사생활이나, 놀이를 좋아하는 쾌활함과 정부의 지침에 반대하는 기질이 전혀 없는 사람처럼 행동하라는 가르침에 희생되었습니다. 어떤 의미에서 이들은 자신의 정치적 견해와 개성 모두를 잃어버렸다고 할 수 있습니다. 이들 중 일부는 인간미 없는 정신 상태로 길들여지는 것에 반발합니다. 하지만 나머지 사람들은 자신의 개성을 에워싼 유리 벽을 깨뜨릴 수 없을 것처럼 보입니다.

제가 채용하고 싶은 미래의 교사는 사생활이나 학교 생활에서 이런 식으로 무력화되는 것을 거부한 분들입니다. 이들은 처음 교직을 시작할 때 선(善)에 대한 확신과 존재의 충만함을 갖고 교단에 섭니다. 이들은 학생들에게서 예기치 못한 면을 발견할 때마다 흐뭇해하고, 자신이 머무르는 장소를 전보다 더 좋고 즐거운 곳으로 만드는 특유의 능력으로 세상과 아이들과 심지어 자기 자신을 놀라게 하기를 열망합니다.

이들은 따뜻하고 열정적인 사람들이어서 그다지 노력하지 않아도 아이들의 사랑을 얻을 수 있습니다. 그러나 아이들의 사랑을 받는 교사들은 교직에 들어서기 전에는 예기치 못했던 책임을 떠안아야 합니다. 이 책임들 가운데 하나는, 제 생각입니다만, 필요한 순간이 왔을 때 '교사로서의 직업 윤리'로 간주되는 것들을 기꺼이 버리고, 아무리 수줍고 자기 주장에 서투르더라도, 정의를 위해 소리 내어 말할 수 있는 투사로서 행동하는 것입니다.

프란체스카 선생님, 보스턴에서 교직을 시작하던 첫해에 제가 얼마나 소심하고 망설임이 많았는지 말씀드렸습니다. 선생님은 이미 그때의 저보다 훨씬 더 큰 용기를 보여주셨습니다. 그러나 오늘날 이런 공립학교에서 교직을 시작할 젊은 교사들 세대에게는 선생님과 저의 용기를 합친 것보다 더 많은 용기가 필요할 것입니다. 교육의 영혼을 지키려는 싸움은 시작되었고, 이들은 마지막까지 그것을 지켜내야 할 중요한 사람들입니다.

15 희망의 씨앗, 명랑함의 원천

친애하는 프란체스카 선생님

지난 10월, 제가 선생님 반을 처음 방문했을 때 선생님은 제 모습이 예상과는 달리 심각하지도 엄숙하지도 않아 ('다행'이라고 했을 수도 있을 텐데) 놀랐다고 하시더군요.

저를 만나기 전에 제 책을 읽은 적이 있는 다른 선생님들도 저에게 같은 말씀을 하셨지요. 몇몇 분들은 잠자리에 들기 전에 저의 최근작을 읽다가 아이들에 관한 이야기가 어찌나 우울하고 화나게 하는지 잠을 이루기가 어려웠다고 하시더군요.

그래서 이분들은 저를 만났을 때 제가 예상과는 달리 심각하고 우울한 사람이 아니라는 것에 놀란답니다. 또 이분들은 어떻게 그렇게 오랜 기간 동안 수많은 끔찍한 학교들을 돌아다니고 아이들과 지하 구내 식당에 내려가 점심을 먹고 지루한 문제 풀이 훈련 시간 동안 교실을 지키고 앉아 있은 뒤에, 1968년부터 계속 해왔듯이 워싱턴으로 가서 이 아이들에게 해를 입히는 교육부 정책을 바꿔야 한다고 탄원하기 위해 하원이나 상원의 소위원회 앞에서 증언을 하고 거의 언제나 완전한 좌절을 느끼며 집으로 돌아오면서도 지속적인 우울 상태에 빠지지 않는지 알고 싶어 합니다.

이 질문에 대해서는 선생님도 수긍하실 만한 적어도 한 가지 대답을 압니다. 그것은 (학교나 집에서 아무리 고통스런 경험을 하더라도 어른의 세계에 존재하는 본질적인 선에 대한 믿음을 잃지 않고 희망의 작은 불씨를 꺼뜨리지 않을 수 있는) 쾌활하고 명랑한 아이들과 매일 함께 생활하면서 얻는 유쾌함 때문입니다.

"그래도 저는 아직 죽지 않았어요, 그렇죠?"

아이들은 새된 목소리로 이렇게 말하지요. 그리고 아이들은 자신들을 에워싼 무시무시한 차별적 상황에도 활기를 잃지 않습니다. 용기에 관해서라면 저의 가장 훌륭한 스승은 바로 아이들이지요.

그래서 아이들 생활의 세세한 것들, 이를테면 식품 잡화점이나 구멍가게에서 사먹는 불그스름한 빛깔에 비틀린 모양의 감초스틱, 파랑, 하양, 노랑 구슬, 어머니가 아이들의 머리를 묶은 끈에 정성스럽게 달아준 리본, 아이들의 기상천외한 질문들, 그리고 아이들이 재미있어 하는 것들—대개의 경우 저한테도 재미가 있지요—은 아이들이 모르는 걱정거리로 마음이 무거운 사람들의 영혼에 힘을 불어넣습니다.

사우스브롱크스의 여섯 살짜리 소년 마리오는 도비와 마찬가지로 아버지가 감옥에서 복역 중이어서 오랫동안 저를 '삼촌'으로 여기며 친하게 지냅니다. 그런데 어느 날 그 아이가 수업 시간에 타비사라는 아이에게 뭐라고 속삭이자, 타비사가 그 말을 "정말 나쁜 말"이라고 하는 게 아니겠어요. 저는 늘 마리오를 순수하고 착한 아이로 여기던 터라 타비사에게 마리오가 무슨 말을 했느냐고 묻고 싶은 마음을 억누를 수 없었지요.

"피시(fishy. '비리다, 구리다, 미심쩍다' 라는 뜻임)라고 했어요!"

타비사는 이렇게 대답하고는 한바탕 웃음을 터뜨렸어요. 잠시 웃음이 멎자 타비사는 두 팔로 얼굴을 가리고 그 말이 내포한 짓궂음에 연방 고개를 흔들었습니다.

"그렇게 나쁜 말은 아닌 것 같은데."

제가 말했어요.

"나쁜 말이에요! 정말로!"

타비사는 이렇게 말하고 또 한 차례 주체할 수 없는 웃음을 터뜨렸지요.

그 다음날 저는 그 학교 P.S. 30에 갓 도착한, 개정된 교육 과정의 지침(가이드라인)에 대해 교장과 이야기를 나누었지만 교장이 제기하는 이슈에 집중할 수 없었습니다. "피시, 피시"가 머릿속에 계속 맴돌았습니다. 저는 그 말에 어떤 짓궂은 의미가 숨어 있는지 생각해보았습니다. 이 학교 아이들의 운명을 결정하게 될 이슈들은 거대하지만, 아이들의 일상은 자잘한 일들로 가득합니다. 제가 열정과 낙관을 유지할 수 있는 것은 바로 이런 개인적이고 소소한 일상에 스며 있는 다정함 덕분입니다.

대견할 정도로 자립심이 강한 파인애플은 저의 정서적인 구원자입니다. 골목대장인 그 어린 친구는 유치원 과정에 다니던 다섯 살 때부터 제 관심을 끌었습니다. 서너 번쯤 만났을 때―그때 그 아이는 3학년이었지요―그 아이는 내가 입은 울 스웨터가 마음에 들지 않는다고 대놓고 말할 정도로 솔직했습니다. 손가락으로 스웨터를 잡아당기면서 불만을 드러냈지요. 게다가 제가 즐겨 입는 낡고 추레한 검은색 정장밖에 옷이 없느냐고 물었습니다. 저는 정장이 두 벌 있지만 거의 같은 것처럼 보인다고 말해주었습니다.

그 아이는 꽤 오랫동안 이 문제에 대해 생각했던 모양입니다. 나중에 성 안나 교회의 방과 후 시간에 저를 만나자 의자에 앉으라고 하더니 길게 말하더군요.

"다른 옷을 사 입으세요. 저는 선생님이 좀 더 근사해 보이셨으면 좋겠어요."

몇 달 뒤 제가 전에 입었던 것과 같은 색상의 새 옷을 입고 나타났을 때 그 아이는 저를 보자마자 실망스런 표정을 지으며 상냥하면서도 진지한 목소리로 이렇게 말하더군요.

"조너선 선생님, 슬플 때도 있으시겠지만 늘 그렇게 검은색 옷만 입을 필요는 없잖아요."

파인애플은 예의범절을 아주 존중하는 아이였습니다. 푹푹 찌던 8월의 어느 날 오후 저는 맨해튼으로 견학을 온 사우스브롱크스의 아이들과 센트럴 공원〔미국 뉴욕 주 뉴욕 시 맨해튼에 있는 시민공원〕에서 게임을 했습니다. 그때 파인애플이 다가오더니 내 옆 잔디에 털썩 주저앉았습니다. 얼굴을 보니 몹시 덥고 목이 마른 것 같았지요. 우리가 앉아 있는 곳에서 멀지 않은 오솔길 옆 그늘에 소다수와 주스, 스낵 등을 파는 행상인이 있었어요. 저는 파인애플이 이따금 그쪽으로 눈길을 돌리는 것을 보았습니다.

그때 제가 실수를 했습니다. (자리에서 일어나 파인애플과 함께 가판대로 가서 우리 두 사람이 먹을 주스를 사야 하는데) 별 생각 없이 호주머니에서 지갑을 꺼내 그 중에 가장 액수가 적은 지폐 — 10달러짜리 — 를 파인애플에게 주면서 목이 마를 테니 가서 주스나 소다수를 사 먹고 오라고 말했습니다.

파인애플은 그 10달러짜리 지폐를 물끄러미 쳐다보더니 "잠깐만요"라고 하고는 일어나 제 언니를 찾으러 가더군요. 두 소녀는 멀찍이 떨어진 곳에서 '회의'를 하는 것 같았습니다. 파인애플의 언니가 뭐라고 말하자 파인애플은 고개를 끄덕였지요. 그런 다음 파인애플은 겸연쩍은 모습으로 되돌아와서는 나한테 돈을 내밀며 엄마는 자기가 그 돈을 받는 것을 원치 않으실 테지만 내가 "목이 말라" 주스를 사 마실 때 자기 것도 함께 사준다면 "괜

찮을" 거라고 하더군요.

저는 자리에서 일어나 그 아이와 함께 가판대로 가서 주스 두 병을 샀습니다. 그 아이는 시원한 주스 병을 손에 건네받자마자 내가 주스 병을 따기도 전에 벌컥벌컥 들이켜더군요.

저는 제가 일을 처리하려던 방식이 부끄러워졌습니다. 그 아이에게 10달러짜리 지폐―그 동네 아이들에게는 상당히 큰 액수죠―를 주는 것은 경솔한 짓이었지요. 직접 돈을 건네준 데다 돈의 액수가 너무 커서 파인애플을 당황하게 했던 것입니다. 파인애플은 제가 시원한 음료를 사면서 자기 것도 함께 사주는 것―더운 여름날 오후에 흔히 있는 일―이 더 자연스럽고 예의범절에 어긋나지 않는다고 생각했던 거죠.

돈을 건넸을 때 그 아이가 주저하자 저는 겸연쩍었고 그 아이도 그것을 감지했던 것 같습니다. 갑자기 다른 곳으로 가더니 제 언니와 이 문제를 의논하는 것 같았습니다. 아마 저를 곤혹스럽게 하거나 제 감정을 상하게 하고 싶지는 않았지만 시원한 음료를 마실 수 있는 방법을 몹시 찾고 싶었기 때문이었을 테지요! 둘이서 잠시 의논을 하여 그 방법을 찾아냈던 것 같습니다.

파인애플의 예의바름과 어머니의 가르침을 지키려는 갸륵한 마음이 분명히 전해졌던 이런 순간들이 있어 저는 아이들을 더 좋아하게 됩니다. 그리고 그 일을 처리하는 아이의 슬기로운 방식―굳이 둘이서 함께 음료를 사 마시려는 그 노력의 기저에는 좀 우스꽝스런 저류가 흘렀죠―이 우습고 재미나서 좀 전에 느꼈던 창피함과 당혹감이 이내 사라졌지요.

파인애플은 그 동네 아이들 사이에서 골목대장이었습니다. 그래서 가끔 다소 으스대는 태도로 아이들을 통솔하려는 경향이 있었지요. 그날 오후 센트럴 공원에서 브롱크스로 돌아오는 열차 안에서 저는 그 아이가 약간 거만하고 위압적인 자세로 앉은 것을 보았습니다. 한 손은 엉덩이에 올리고 다른 한 손은 막대기를 짚고 양 발끝은 서로 반대 방향을 가리키도록 하고 앉아서, 자리를 바꿔 앉고 다른 승객들이 지나는 길을 방해하면서 까불대는 소년들의 행동을 겨우 봐준다는 듯 경멸스런 눈길로 감독했습니다. 가끔 딱딱거리는 말투로 다른 아이들의 행동을 제지하곤 했는데, 자기보다 어린 아이들에게 너무 심했다 싶을 때에는 사과를 하기도 했지요.

지금도 저는 기운이 없거나 우울할 때면 뉴욕에 가서 파인애플을 만날(가끔은 파인애플의 식구들과 함께, 때로는 파인애플과 단둘이) 계획을 세운답니다. 그 아이는 이제 능력 있는 청소년으로 자라 저를 선생님이나 조언해줄 어른이 아니라 친구로 대하며 허심탄회하게 이야기를 한답니다. 제가 자주 느끼곤 하는 정치적 좌절감도 그 아이와 있는 동안에는 자취를 감추곤 하지요.

제가 교육대학에서 만난 백인 젊은이들 중 일부는 도심의 저소득층 아이들을 가르치는 일을 아주 이타적인 행위로, 그들이 그들보다 불우한 사람들에게 가져다줄 수 있는 윤리적·사회적 혜택으로 여기더군요. 저는 한 번도 그렇게 생각해본 적이 없었습니다. 선생님 역시 저와 같을 거라 여겨집니다. 저는 사우스브롱크스로 향할 때 가난한 아이들에게 나눠줄 은총(지적인 면에서든 다른 면에서든)의 선물 자루를 갖고 간다고 생각해본 적이 한번도 없었습니다. 저는 늘 은총을 찾으러 사우스브롱크스로 갔고, 파인애플 같은 아이들의 개성과 타비사와 마리오같이 어린 아이들의 귀여움과 다정한 장난에서 매번 그 은총을 찾았다고 생각합니다.

미디어, 특히 TV에서 도심의 빈민 거주지 아이들은 무례하고 비열하다는 고정관념을 지속적으로 심어주지만, 제가 만난 도심의 빈민 거주지 아이들은 저처럼 외지에서 온 사람들에게 존경을 표하고 특히 자기들보다 육체적으로 더 취약한 노인인 경우에는 세심하게 돌봐주려고 애씁니다. 제가 공항이나 지하철역에서 곧바로 성 안나 교회의 방과 후 학교를 방문할 때면 몹시 피곤하고 지쳐 있곤 했는데 그때 겨우 일곱 살이던 마리오는 저더러 앉아서 좀 쉬라며 염려해주곤 했습니다. 그리고 쿠키나 주스를 먹겠느냐고 묻고는 제가 대답하기도 전에 부엌으로 달려가 그 아이가 생각하기에 저한테 좋을 만한 것을 찾아오곤 했습니다.

어느 날 밤, 마리오(아홉 살일 때)는 제가 지하철역으로 가기 위해 그 동네를 지나는 것을 보았습니다. 그 아이는 단박에 걱정을 하며 브룩 애비뉴에 있는 역까지 길을 안내해주겠다고 하더군요. 브룩 애비뉴는 당시 이 지역에서 제일 붐비는 마약 거래 장소였거든요. 저는 여러 번 가봤는데 브룩 애비뉴에서 봉변을 당한 적은 없다고 했습니다. 그 아이는 마지못해 제 말에 수긍했습니다. 그리고 작별 인사를 할 때 저한테 "조심하세요!"라고 주의를 주었지요.

프란체스카 선생님, 이 아이들과의 지속적인 우정은 저를 지탱해주는 힘이 되었어요. 그 지역에 너무나 흔한 육체적 질병인 소아 천식과 유행병 수준인 어머니에게서 받은 HIV는 물론이고 주위에 성행하는 마약 거래 등 무시무시할 정도로 열악한 환경에 살면서도 그것을 극복하고 밝고 명랑하게 살아가는 아이들의 능력과 주위에 그렇게 많은 죽음과 고통이 널려 있어도 '삶과 희망의 가능성을 확언하는 그들을 대할 때면 가끔 자기 연민에 빠지는 저 자신이 창피해지고 제 정신에서 우울과 어둠이 저절로 가신답니다.

몇 년 전, 제 친구가 된 앤지 젤롬바르도라는 선생님이 가르치시는 P.S. 65의 3학년을 방문했습니다. 아이들과 자연스럽게 친밀감을 형성하는 그분의 교육 방식이 선생님과 아주 비슷해서 언젠가 선생님께도 그분 이야기를 해드린 적이 있었을 거예요. 그리고 그분은 그 학교의 문제에 대해 터놓고 이야기해준 유일한 분이었습니다.

제가 방문하기 몇 달 전에 그 학교 학생인 버나도라는 아이가 학교 인근의 아파트 엘리베이터에서 추락사한 사고가 있었습니다. 주민들이 엘리베이터 문이 완전히 닫히지 않는 데다 실수로 엘리베이터 문에 기대기라도 하면 문이 열린다고 여러 차례 건물 관리인에게 말했는데도 보수를 하지 않았던 거죠. 어느 날, 여덟 살이었던 버나도는 가족들이 주의하라고 한 말을 잊어버리고 우연히 엘리베이터 문에 몸을 기댔다가 4층에서 추락하여 엘리베이터의 강철 지붕 위에 떨어졌습니다. 엘리베이터 승객들의 머리 위로 핏방울이 떨어지기 시작할 때에야 비로소 그 아이의 시신을 찾았다는군요.

저는 잴롬바르도 선생님의 수업을 참관하기 전날 밤 버나도의 집을 방문했습니다. 그래서 그 이튿날 수업 참관을 하러 들어갈 때 저는 기분이 너무 침울하여 그 선생님이 준비한 활동에 참여할 수 있을지 자신이 없었습니다. 그러나 생기발랄한 아이들 덕분에 그것은 어렵지 않았습니다. 아이들은 이미 친구의 죽음을 슬퍼하는 일을 잘 견뎌냈고 제가 거기에 있을 때 그 아이의 이름이 한 번 나오기도 했지만 아이들은 대부분 이 비극의 슬픔을 잊고 있었습니다. 그래서 학급 분위기로 보아서는 그들이 최근에 겪은 슬픔을 알아채지 못할 정도였지요.

아이들은 제가 작가라는 사실을 이미 들어서 알았으므로 다른 수많은 아이들처럼 이를 믿을 수 없을 만큼 굉장한 일로 여기며 정성껏 준비한 질문들을 열정적으로 하기 시작했어요. 마치 수많은 여덟 살짜리 기자들 같았지요. 그 아이들의 질문들은 정말 재미있었고, 사실 성인 인터뷰 기자들이 묻는 것들보다 훨씬 더 독창적이고 참신했습니다.

"글을 쓰는 일은 외로운가요?"

"어떻게 그렇게 많은 단어들을 쓰십니까?"

"사람들이 선생님 책을 비난하면 어떤 기분이 드세요?"

"사람들이 선생님 책은 알면서 선생님 이름을 발음하지 못하면 언짢지 않으세요?"

"늙어가는 게 슬프지 않으세요?"

아이들 중 하나가 또 이렇게 물었지요.

"선생님은 어린이 책을 쓰세요, 아니면 챕터 책을 쓰세요?"

저는 본질적으로 이야기로 이루어진 어린이 책과 챕터로 나누어야 할 만큼 긴 책을 어떻게 구분해야 하는지 잊고 있었습니다. 이런 식으로는 생각해본 적이 없었지만, 저는 아이들에게 "챕터 책을 쓴다"고 말했습니다. 그러자 아이들 중 하나가 왜 아이들이 읽을 수 있는 "쉬운 책"은 쓰지 않느냐고 물었습니다.

그건 특별한 재능이 필요한 일이라고 생각하기 때문에 아직 시도해보지는 못했지만 언젠가 그런 책을 한번 써보고 싶다고 대답했습니다.

"그냥 하시면 돼요!"

그 아이가 활기차게 말하며, 나 자신을 내세우지 않으려는 내 노력을 무색케 했지요.

젤롬바르도 선생님은 그 반 아이들도 글을 쓰는 작가며 몇몇은 "진짜 책"도 쓴다고 알려주었습니다. 그래서 아이들이 제게 물어볼 질문을 준비하는 데 많은 생각을 했다고 하시더군요.

저는 아이들의 다른 질문에도 성의껏 대답했습니다. 아니다, 사람들이 내 이름을 제대로 발음하지 못해도 언짢지 않아. 내 이름이 워낙 어느 음절에 강세를 둬야 하는지 알기 어려운 이름이니까 말이야라고 저는 말했습니다. 그리고 내가 쓴 책이 혹평을 받을 때에는 기분이 언짢다고 말하자 아이들도 공감하는 것 같았습니다. 아이들은 자신들 또한 비난을 받으면 개정판을 낼 때 도움이 되리라는 것을 알면서도 기분이 상한다고 말했습니다. 그리고 저는 아이들에게 말했습니다.

"그래, 글쓰기는 아주 외로운 작업이란다. 나한테는 그게 가장 어려운 부분이지. 그러나 많은 단어를 쓰는 건 그리 어렵지 않단다. 일단 글을 쓰기 시작하면 긴 글을 쓰는 것보다 간결하면서도 진짜 좋은 글을 쓰는 게 훨씬 더 어렵거든."

'늙는 것'에 대한 질문은 교묘히 피하며, 아이들에게 쓰고 있는 책에 관해 더 말해줄 수 있느냐고 물었지요. 그러자 아이들은 폴더를 꺼내 자신이 쓰는 책과 자신이 그린 삽화를 내가 볼 수 있도록 해주었습니다. 작가는 자신의 글을 출판해줄 사람을 어떻게 찾느냐고 한 아이가 묻더군요. 저는 에이전트의 도움을 받아 제가 쓴 글이 출판사에 보낼 만큼 잘된 것인지를 결정한다고 대답했습니다. 그러자 이 집요한 소년은 제 에이전트의 이름과 주소를 물었습니다.

그 지역에 38개의 노후한 건물을 소유한 사람(저는 그 사람이 제가 성장한 매사추세츠 주에 살고 거기서는 너그러운 박애주의자로 알려져 있다는 사실을 알고 무척 당혹스러웠습니다)의 지독한 관리 태만이 오래 지속된 결과 일어난 버나도의 죽음은 그 후 몇 개월 동안 그 지역 학부모들은 물론 저에게도 심각한 문제로 남아 있었습니다. 그러나 제가 그 아이들과 함께 했던 시간에는 아이들의 활력과 호기심, 창의력 같은 것들에 매료되어 죽음과 비극을 생각할 틈이 없었습니다. 그리고 그 아이가 제 에이전트의 이름과 주소를 물었을 때 그의 아이다운 용기가 너무 대단하게 여겨져 앉아서 적어주었습니다. 그런데 젤롬바르도 선생님이 나중에 저한테 말씀해주시기로 그 아이는 "당장 그 일을 추진하기엔 아직 때가 이르다"는 결정을 했다고 하더군요.

도심 빈민 거주지의 다른 학교 선생님들 역시 아이들이 자극을 받아 그들도 작가가 될 수 있다는 믿음을 갖게 하려고 제가 작가라는 사실을 아이들에게 흔히 알리곤 하죠. 아이들이 늘 하는 질문으로는 글을 어떻게 쓰느냐, 글을 왜 쓰느냐, 어디에 사느냐, 어머니가 누구냐, 개를 기르느냐, 그 개는 어떻게 생겼느냐, 아이가 있느냐(없다고 하면 아이들은 실망하죠) 같은 것들이 있어요. 하지만 아이들은 내가 왜 그들과 함께 하는 것을 좋아하느냐고는 묻지 않더군요. 이 아이들의 장점 가운데 하나는 질문을 가려가며 한다는 것입니다. 몇몇 즐거운 질문들을 묻지 않고 남겨두어 고마울 따름이지요.

프란체스카 선생님, 아이들과 오랜 시간을 함께 보내는 사람은 쉽게 우울해지지 않는다는 사실을 선생님께 굳이 말씀드릴 필요는 없을 테지요. 파인애플이 저를 의자에 앉히고는 그때 제가 입은 검은색 정장에 대해 충고했을 때(그 아이와 내가 얼굴을 마주하고 앉았을 때 팔짱 낀 그 아이의 강경하고 위압적인 자세가 아직도 생생하군요) 처음에 저는 움찔했습니다. 그러나 몹시 음울한 동네에 사는 아이가 나이 지긋한 어른에게 '좀 밝게 입으라'고 충고하는 이 아이러니한 상황을 생각하니 역할이 바뀌어도 한참 뒤바뀐 것 같아 절로 웃음이 나왔지요. 친절한 그 아이의 말("늘 검은색 옷만 입을 필요는 없잖아요.") 역시 아주 좋은 조언인 것 같아 종이에 적어 집으로 갖고 와서는 기운을 돋우는 소로의 말 옆에 붙여놓았습니다.

그러나 평생 기울여온 노력을 지속할 의지와 희망과 열정이 좀처럼 시들해지지 않는 또 다른 이유가 있습니다. 그 이유는 아이들과 관련된 것이라기보다 학부모(특히 록스베리와 사우스브롱크스 같은 동네에서는 아주 정정한 할아버지 할머니)들과 관련된 것입니다.

저는 이를 과장하여 말하고 싶지는 않습니다. 선생님도 여러 번 말씀하셨듯이 일부 진보주의자들이 흑인과 히스패닉 지역의 가정을 낭만적으로 바라보는 경향은 당혹스런 일면이 있습니다. 그들은 마치 거의 모든 도심의 학부모나 조부모를 아주 고매하고 지혜로운 달변가로 묘사함으로써 이들이 별로 매력적이지 않다는 고정관념을 중화해야 한다고 생각하는 듯합니다. 그들의 이야기는 분명 사실이 아닙니다. 선생님도 아시겠지만, 우리 학생들의 가족들 중에는 자신들이 저지른 실수나 그들 앞을 가로막는 갖가지 장애물에 의해 너무나 큰 피해를 입은 나머지 오래전부터 자신의 목소리를 내지 못해온 것은 물론 현명한 판단을 할 수 있는 능력을 상실한 구성원이 꽤 있습니다.

그러나 저는 운 좋게도 교직에 있던 여러 해 동안, 본래부터 자기 주장을 할 수 있는 능력을 타고나신 수많은 학부모와 조부모들을 알게 되었습니다. 그분들은 자신들이 주장할 수 있는 것이 무엇인지 정확히 알지 못할 때에도 자신의 의견을 피력할 수 있는 분들이셨지요. 이런 분들이 저한테 위안이 되어주셨습니다. 수많은 사회 운동가들과 교육자들이 주위에서 발전에 역행하는 모습을 볼 때마다 무력감을 느끼고 낙담과 실의에 빠지게 되는데 이런 분들은 이를 막아주는 강력한 해독제가 되어주지요.

저는 사우스브롱크스에 사는 아이들에 관해 제가 쓴 두 권의

239

책《보통사람들의 부활(Ordinary Resurrections)》과《놀라운 은총》에서 이곳의 수많은 할머니들을 묘사한 적이 있습니다. 그러나 제가 전에는 말하지 않은 사실이 있습니다. 저는 그분들의 자식들과 손자들의 갖가지 위기와 연관되지 않은, 오로지 내 개인적인 근심과 걱정에 관련된 문제에 마주쳤을 때에도 이분들께 의지했습니다. 파인애플의 이웃에 사는 버니스 킹이라는 할머니 한 분은 성 안나 교회에서 방과 후에 모여드는 아이들에게 저녁을 차려주는 일을 하셨는데, 제가 기분이 안 좋거나 제가 아이들과 길고 긴 하루를 잘 보내도록 해주는 평소의 활기를 잃었다는 것을 눈치 채신 날이면 퇴근할 때 저를 집으로 데리고 가셨습니다.

당시 아흔 살이었던 어머니가 눈에 띄게 노쇠해지시고, 저명한 신경학자이자 뇌의 퇴화에 관한 전문의였던 아버지가 알츠하이머에 걸려 저를 알아보지 못하시던 그 즈음 버니스는 정말 어머니처럼 저를 대해주셨어요. 저는 어머니와 아버지에 관한 이야기며, 주위의 가까운 사람들을 잃게 되는 두려움에 관해 다른 누구한테도 말한 적이 없는 방식으로 그분께 털어놓을 수 있었습니다.

버니스는 훌륭한 이야기꾼이기도 했습니다. 그래서 그분의 부엌 식탁에서 보낸 저녁들은 그분이 알고 계시고 좋아하지만 그분 나름의 이유로 완전히 신뢰하지는 못하는 사람들의 실수와 그들 내의 경쟁심과 질시, 불운한 사고 등에 관한 이야기로 풍성했습니다. 간혹 새벽 2시까지 이야기를 나눌 때도 있었는데, 그럴 때면 굳이 저를 브룩 애비뉴까지 배웅해주겠다고 하셨지요. 그렇게 늦은 시각에는 후드 달린 운동복을 입은 마약 거래상들이 지하철역 계단을 어슬렁거렸으므로 저는 거절하지 않았습니다.

저는 버니스와 저녁을 보낼 때마다 기운이 회복되는 것을 느꼈습니다. 그분 역시 제가 방문할 때마다 힘이 생긴다고 하셨지요. 그분은 저한테 의료 문제와 손자들의 교육 문제에 관해 물으셨어요. 저는 브롱크스의 복잡한 의료 체계에서 그분이 여기저기 헤매 다니며 이 사람 저 사람에게 묻는 수고를 하지 않고도 치료받는 방법을 알려드릴 수 있어서 기뻤습니다. 서로 도움을 주고 기운을 북돋워주는 우리의 관계는 지금까지 이어지고 있답니다.

너무 힘들고 절망적이어서 선생님과 제가 소중히 여기는 가치를 지키기 위한 투쟁을 계속할 수 없다고 느껴질 때마다, 그리고 여러 사람 앞에서 우익 집단의 때로 가학적일 만큼 기민하고 능률적인 사람들과 토론하기가 꺼려질 때마다 저는 버니스 같은 수많은 할머니의 굴하지 않는 용기를 생각합니다. 그분들은 사소한 일회적인 상처나 실망, 정치적인 부당 행위뿐 아니라 치료를 받지 못하는 질병으로 인한 극심한 육체적 불편과 우리 대부분이 그저 상상으로나 할 수 있는 심리적인 시련을 겪으면서도 열심히 살아가고 계시지요.

프란체스카 선생님, 이것이 선생님이 질문하신 문제에 대한 최종적인 대답입니다. 우리는 지쳤다는 이유로 투쟁의 장을 떠날 권리가 없습니다. 그리고 사실 저는 지치지 않았습니다. 버니스 같은 좋은 친구와 파인애플, 타비사, 마리오, 버나도의 학급 친구들 같은 아이들이 제 옆에 있는 한 기진맥진할 수는 없지요. 제 에이전트의 이름과 주소를 저한테서 알아낸 그 소년 같은 아이들과 함께 한다면 어느 누가 오랫동안 우울하거나 기진맥진할 수 있단 말입니까?

저는 오랫동안 제 친구이자 동료였던 여러 선생님들(프랜시스 듀크스와 베드록 씨, 젤롬바르도 여사 같은 베테랑 선생님은 물론 갓 교직을 시작한 열정적인 젊은 교사들)에게서도 힘을 얻습니다. 그러므로 지난 한 해 동안 우리가 편지를 교환하고 제가 선생님의 학급을 방문한 것은 저한테 아주 의미 있는 일이었지요. 세세한 일 하나하나가 모두 완벽하지만은 않은 날도, 간혹 제가 선생님 수업에 전혀 도움이 못 되고 심지어 멍청하게 굴어서 선생님을 발끈하게 했던 때도, 행복한 추억으로 남았습니다.

선생님이 문장 구조에 관해 가르치실 때 제가 고의는 아니었지만 수업을 망쳤던 일이 아직도 생생히 떠오릅니다. 선생님이 제게 짧은 문장을 하나 만들어달라고 하셨는데 주의를 기울여 듣지 않던 저는 언제 끝날지 모르는 길고 긴 문장을 말했지요. 아이들 앞에서 선생님은 제가 수업에 집중하지 않았으니까 '타임아웃 벌(time-out)'을 받아야 한다며 저를 아이들이 잘못했을 때

들곤 하는 커다란 곰 인형을 들고 독서용 깔개에 앉아 있게 하셨습니다. 받아 마땅한 벌이었지요. 그러나 저는 도비가 저를 위로하기 위해 자리에서 일어나 개구리 그림을 가져다주었을 때 그 아이의 따뜻한 마음이 몹시 고마웠습니다.

그때 선생님이 보여주신 인내와 재치에 감사합니다. 선생님은 제가 "아주 아주 어린애처럼—전혀 어른답지 않은" 행동을 했다고 말씀하셨습니다. 하지만 선생님도 아이들 앞에서 아주 어린애처럼 행동할 때가 있다는 것을 아시는지요? 정말 다행이에요! 그래서 아마 매일 아침 아이들이 그토록 신이 나서 선생님 교실로 오는 것이겠지요. 언젠가 선생님은 이런 말씀을 하셨죠.

"월급은 얼마 안 되지만, 아이들이 다정하게 안아준답니다."

사람이라면 누구나 겪는 실망과 질병 등 일반적인 문제를 안고 있는 다른 수많은 선생님들도 매일 교실에 들어가는 순간 이런 불만을 잊어버린다고 말씀하실 것입니다.

제가 살펴본 바에 의하면, 도심의 빈민 거주지 학교에서 가르치고 싶어하는 교육대학 학생들은 간혹 대학의 교수들에게서 이런 학교에서 교편을 잡는 것은 고통스런 희생(모든 것이 이겨내야 할 문제고 즐거움은 전혀 없는)이 되리라는 인상을 받습니다. 그러나 사실은 그렇지 않습니다. 최소한 그래서는 안 되지요. 아무리 어려운 조건에서도 훌륭한 교사의 일은 즐거운 것이어야 합니다. 적어도 제 생각에는 아이들이 좋아서 아이들을 가르치는 일을 선

243

택한 교사들은 이런 즐거움 속에서 보람을 느낍니다.

젊은 교사들이나 교직을 생각하는 이들에게 꼭 전하고 싶은 말을 한마디만 하라고 한다면, 그것은 교사로서 아이들과 함께 하는 하루하루, 한 시간 한 시간을 즐겁게 채울 수 있는 권리를 지켜내려고 싸워야 한다는 것입니다. 어쩌면 이것은 우리가 안고 있는 가장 어렵고 큰 과제 가운데 하나일 것입니다.

에필로그

친애하는 프란체스카 선생님

당분간 이 편지가 마지막이 될 것 같습니다. 선생님은 꽤 긴 기간 동안 선생님의 언니 분과 여름 여행을 하실 테고 저 역시 몇 주 동안 여행을 할 계획이니까요.

작별 인사를 하기에 앞서 얼마 전에 저세상으로 보낸 친구에 대해 잠깐 이야기하려고 합니다. 그분은 아이들의 감수성과 교육에 대한 제 생각을 확고하게 다질 수 있도록 제가 교직을 시작한 이래 알아왔던 다른 어떤 사람들보다 더 많은 영향을 주셨지요.

아마도 선생님은 제가 말씀드리려는 분이 프레드 로저스임을 아실 거예요. 돌아가시기 전 10년 동안 그분이 확고한 신념을 지닌 존재로서 제 인생에서 얼마나 중요한 분이었는지, 그리고 지금까지 그분이 정말 이 세상에 안 계시다는 사실을 완전히 인식하기가 얼마나 어려운지 선생님께 말씀드린 적이 있으니까요.

저는 1992년 말, 〈로저스 아저씨네 동네(Mr. Rogers' Neighborhood)〉를 녹화하는 공영 TV 방송국에서 인터뷰를 하려고 피츠버그에 있을 때 로저스 씨를 만났습니다. 인터뷰가 끝나고 스튜디오 기술자들이 저한테 연결했던 마이크와 전선줄을 풀고 있을 때 저는 뒤에서 마치 서로 아는 사람처럼 저의 이름을 부르는 목소리를 들었습니다. 바로 몇 미터 뒤에 머리가 희끗희끗한 것만 빼고 TV에서 보던 것과 똑같은 모습의 로저스 씨가 있었습니다.

그는 저를 자신의 스튜디오에 데리고 갔습니다. 그리고 제가 부탁하자 그는 쇼를 시작하기 전에 옷을 갈아입는 분장실과, 〈로저스 아저씨네 동네〉의 세트장, 그리고 전차도 보여주었습니다. 그리고 이 프로그램에서 맥필리 아저씨 역을 맡은 분도 소개해주었지요. 이 모든 것들이 저한테는 꼭 네다섯 살짜리 아이가 받았음직한 감명을 주었습니다.

그러고 나서 우리는 그의 소파에 앉아 그 후로 여러 해 동안 계속되어온 수많은 대화의 서막을 여는 대화를 하기 시작했습니다. 그는 그 해 초에 출간된 제 책《야만적 불평등》에 대해 질문하고는 저의 두서없고 서투른 답변을 공손하고 참을성 있게 들어주었습니다(처음에 저는 TV를 통해 얼굴과 몸짓을 익히 아는 낯선 사람과 갑자기 이야기를 하게 되어 좀 긴장했나 봅니다). 그러나 저는 곧 아주 편안해졌고 제게는 TV 화면 속 인물로만 여겨지던 사람과 이야기하는 '약간 비현실적인' 느낌을 지울 수 있었습니다.

그때부터 우리는 한 달에 한 번 이상 전화나 편지로 의견을 교환하였고, 이따금 시간을 내어 만나기도 했습니다. 한 번은 워싱턴에서, 두 번째는 뉴욕 시에서 만났지요. 뉴욕 시에서 만났을 때 그는 자기도 사우스브롱크스에 가서 제 책에 등장하는 아이들을 만나보고 싶다고 하더군요. 처음에 그는 자기가 그 동네에 가면 아이들이 자기를 무서워하지 않겠느냐고 물었습니다. 저는 전혀 그런 생각이 들지 않았지만 그를 놀리고 싶은 마음에 이렇게 대답했습니다.

"견딜 만할 거예요."

그러자 그가 말했습니다.

"좋아요! 그럼 브롱크스로 갑시다!"

그가 맨해튼에서 그곳까지 어떻게 가느냐고 묻자 저는 브룩애비뉴까지 지하철 6호선을 타는 것이 가장 빠른 방법이라고 말했습니다. 지하철을 타고 간다는 생각이 그를 아주 들뜨게 하는 듯했습니다.

지하철을 타고 베드룩 선생님과 듀크스 선생님이 가르치는 초등학교에 갔습니다. 유치원 과정에 있는 아이들과 몇 시간 동안 함께 있다가 성 안나 교회의 방과 후 학교를 방문했습니다. 거기에서 마리오는 그에게 달려와 안기며 그의 머리를 감싸 안고는 이마에 힘차게 뽀뽀를 하고는 그의 눈을 바라보며 "우리 동네에 오신 것을 환영합니다!"라고 말했습니다. 이 모든 것들은 제가 사우스브롱크스에서 보낸 가장 즐거운 나날들 중 하나로 제 기억

속에 각인되었습니다.

그는 그날 찍은 사진들을 앨범에 정리하고 특별한 의미가 있는 사진 옆에는 친필로 메모를 적어 넣어 보내주었습니다. 헝겊 인형을 팔 아래에 끼고 찍은 마리오 사진 옆에는 "내가 가장 좋아하는 아이"라고 적혀 있었습니다. 그로부터 달마다 해마다 그는 제게 마리오의 안부를 묻곤 했지요.

그러나 되돌아보면 그가 아이들과 시간을 보낼 때 가장 감동받은 사람들은 바로 선생님들이었던 것 같습니다. 그는 주위의 아이들과 같은 눈높이로 바라보기 위해 작은 유치원 의자에 몸을 욱여넣고 앉았습니다. 그는 아이들에게 그들의 생활과 교실과 책상 위에 있는 흥미로운 물건들에 대해 물었습니다. 그리고 아이들이 하는 대답을 그의 평소 모습대로 공손하게, 아이들을 재촉하는 일 없이 참을성 있게 들어주었습니다. 그는 다른 학년의 선생님들과도 만났고 다른 반 아이들에 관해서도 수많은 질문을 했습니다. 그러나 그는 아이들의 시험 성적에 관한 것만은 묻지 않았습니다.

이는 1996년의 방문이었습니다. 2000년 가을에 그는 또 저와 함께 그 동네를 방문했습니다. 시험을 대비하기 위한 훈련과 정해진 수업 지도안에 의한 주입식 교수법이 횡행하던 시기에 그분은 제게 점점 불안해진다고 말씀하셨지요. 일생에서 상처 입기 쉬운 시기에 몹시 잔혹하다고 여겨지는 교수법이 횡행했을 때 그분이 드러낸 조용한 절망감은 이 방침에 대한 더 특별한 자격을 갖춘 어떤 비평가들의 말이나 글보다 더 강력하게 제 신념을 더욱 굳건하게 했습니다.

그는 또한 제 개인 생활에 대해서도 질문하곤 했습니다. 제가 6개월 전에 말했던 것을 기억하여 언급할 때도 있었지요. 나중에야 그 이유를 알았지만, 그는 특히 우리 집 개 스위티파이에게 애착을 보였습니다. 파인애플도 이 개를 무척 좋아했는데, 처음에 이 아이는 제가 뉴욕을 오갈 때 왜 스위티파이도 비행기의 내 옆 자리에 앉아서 함께 올 수 없는지 이해하지 못했습니다. 제가 파인애플에게 스위티파이가 비행기를 타고 저와 함께 올 수 있는 유일한 길은 상자에 담아 화물칸에 싣는 것인데 그러면 개가 놀랄 것이라고 설명해주자 그 아이는 스위티파이를 보스턴에서 브롱크스까지 자동차로 데리고 오라고 부탁했지요. 상식에는 어긋나는 일이었지만—스위티파이를 데리고 오기 위해 이틀 동안 연이어 다섯 시간씩 운전하면서 온갖 고생을 다 했지만, 저는 결국 파인애플의 부탁을 들어주었습니다.

프레드는 스위티파이의 사진을 본 뒤로 늘 이 개의 안부를 물었습니다. 특별한 날이 아니더라도 편지를 보내왔고 생일에는 어김없이 축하 카드를 보내왔지요. 종종 전화로 개와 통화하기를 원했고 제가 개의 늘어진 귀에 수화기를 대주면 개는 그의 말에 대답이라도 하듯 으르렁대곤 했습니다.

그는 친구들의 생일을 일정표에 세심하게 기록해두었나 봅니다. 한 번도 스위티파이의 생일을 잊어본 적이 없으니까요. 제가 집에 없을 때면 자동 응답기에 생일축하 노래를 남겨놓곤 했지요. 나중에 그는 스위티파이를 보면 그가 "무척 사랑했던 첫 번째 개"가 떠오른다고 제게 말해주었습니다. 당신이 세 살 때 핑장히 쓴 약을 먹인 적이 있고 정말 사랑하던 개였는데 21세에 죽었다고 하더군요.

몇 년 후 스위티파이의 코에 생긴 악성종양이 시신경을 압박하고 머리뼈에까지 침투할 위험이 나타났을 때 그는 개가 화학치료를 잘 견디는지 매번 물어보았습니다. 그 해 가을, 개의 오른쪽 눈을 제거할 수밖에 없었습니다. 그때 저는 거의 한 달 동안 프레드에게 개의 병이 악화되고 있다고 말할 수 없었습니다. 그러자 그는 걱정하는 편지를 길게 써서 보내왔습니다.

"스위티파이에 대해 아무 말 않는 것을 보니 최악의 상황은 아닌지 걱정이 되는군요."

그때가 12월 중순이었습니다. 그는 편지에 당신 또한 최근에 악성종양 진단을 받았다는 사실을 언급하지 않았습니다. 스위티파이에 대한 그 편지가 그분한테서 제가 받은 마지막 전갈이었지요. 그로부터 7주 후에 그분이 돌아가셨다는 기사를《보스턴 글로브》지에서 읽었습니다.

프란체스카 선생님, 언젠가 저는 로저스 씨가 아이들에게 스스로를 표현할 시간과 열린 공간을 주어야 하고 그럴 때 우리는 아이들의 말을 주의 깊게 들어야 한다고 강조했다는 것을 언급했습니다. 이제 그분은 세상을 떠났고, 우리는 아이들이 자신의 비밀을 털어놓고 자신의 영혼을 드러낼 수 있는 열린 공간과 시간이 점점 줄어드는 엄격한 목적 지향 교수법의 시대에 살고 있습니다. 그분이 아이들 안에 있다고 본 성스러움의 자리에 미래에 아이들이 담당할 경제적 가치에 대한 관심과 아이들의 '유용성'과 '생산성' 같은 단어와 개념이 들어섰습니다. 선생님도 아시겠지만 그분은 이런 세태를 몹시 싫어했을 것입니다.

프레드는 젊었을 때 신학을 공부하여 장로교회에서 '아이들을 위한 목사'로 임명되었습니다. 그러나 그는 '목사'라는 말이 연상시키는 것보다 '아이들'이라는 말과 인격이나 행동 면에서 더 잘 어울렸습니다. 그는 죽기 전 마지막 일 년 동안 노래를 하나 지었는데 완성하지는 못하고 돌아가셨지만, '내 안의 동심은 조용하나 때론 그렇게 조용하지만은 않다!'라는 이 노래의 제목이 무척 마음에 듭니다. 우리가 뉴욕에서 지하철을 타고 사우스브롱크스로 갈 때 그분의 얼굴에 번지던 즐거운 표정이 떠오르는군요. 열차 안을 오가며 아마도 불법이겠지만 승객들에게 싼 가격에 CD며 손전등 배터리 같은 갖가지 물건들을 파는 사람들과 주위의 온갖 불빛과 소음에 신바람이 난 어린 소년처럼 기분이 한껏 들떠 보였지요.

이 노래는 제가 만난, 열정적이고 충동적인 초임 선생님들은 물론 아이들을 한 번도 완전히 포기한 적 없는 수많은 중견 선생님들을 생각나게 합니다. 아이들을 포기한다면 결코 훌륭한 교사일 수 없겠지요. 저는 이 선생님들이 로저스 씨가 우리에게 남긴 유산을 마음 깊이 받아들이기를 바랍니다. 비록 그분은 에릭슨에 심취했고 에릭슨 연구자들과 공부하는 건 물론 에릭슨과 직접 알고 지내기도 했지만 아이들의 말에 귀를 기울이거나 아이들과 함께 하는 그의 교육 방식은 (선생님도 잘 알고 계시겠지만 요즘 수용의 선결 조건인) '연구를 근거로 한 것'이거나 '과학적인 것'으로 간주되지 않기 때문에 그분의 유산은 쉽게 사라질지도 모릅니다.

공교육 감독관들이 확실하고 측정 가능한 결과를 엄격하게 요구하는 시대에 로저스 씨의 유산은 너무 부드럽고 막연하게 여겨질 수 있습니다. 이들은 자신들이 시행하는 교육 정책에 대해 거의 절대적인 확신을 갖고 있지요. 저는 모든 선생님들이 과장된 절대적 원칙의 손쉬운 보상을 거부하고 대신 아이들의 가장 친절하고 가장 현명한 친구였던 분의 겸손한 가치를 받아들이기를 간절히 바랍니다.

프란체스카 선생님, 저는 곧 개최될 회의에 참석하기 위해 당분간 보스턴에서 멀리 떨어진 곳으로 가야 합니다. 그곳에 가 있는 몇 주 동안 저는 지난 한 해 선생님과 토의했던 논쟁적인 이슈들에 파묻혀 지내야 할 것 같습니다.

적대적인 역할을 맡아야 한다는 게 부담이긴 하지만 이 이슈들에 대해 제가 믿는 바를 발표하고 지지할 기회를 갖게 된 것은 좋은 일이겠지요. 그러나 저는 선생님들과 똑같은 방식으로 아이들을 알아가고 아이들과 이야기하고 아이들의 학습을 도와주는 것 외에는 특별한 안건이나 의제를 생각할 필요 없이 선생님의 아이들처럼 교실에 앉아 있을 수 있던 때가 그리울 것입니다.

호주머니 가득 설탕을 담고 다니던 도비나 작년 보스턴의 다른 학교에서 알게 된 다정한 소녀 같은 아이들이 그리워지겠지요. 이 소녀는 제가 새로 산 납작한 파란색 운동화를 신은 것을 보고 몹시 놀라며 저한테 이렇게 속삭이더군요.

"제 동생 운동화랑 똑같네요! 색만 달라요. 동생 것은 빨간색이거든요……."

그러니까 제 말의 의미는, 토론을 하고 때론 정치적 장에서 격렬한 대결을 벌이는 동안에도 저는 언제나 교실에서 일어나는 생생한 일들과 교사가 실제로 하는 일들을 떠올리며 그리워한다는 것입니다. 교사는 수업을 계획하고 일정표를 그리고 '아침 인사' 메시지를 게시판에 붙이고 아이들을 격려하고 지도하고, 아이들은 즐겁게 배우는 한편 자신이 보기에 옳지 않거나 진실이 아니라고 여겨지는 잘못된 정보나 오해에 이의를 제기할 수 있는 비판적인 능력을 기르는 그 교실을 말이지요.

프란체스카 선생님, 선생님과 앞으로 교사가 될 열정적이고 희망에 부푼 젊은 교사들에게 마지막으로 드리고 싶은 말씀은 아무리 어렵고 힘든 상황에서도 즐거움과 다정함을 잃지 말라는 것입니다. 아이들과 함께 하는 생활 속에서 행복을 찾으십시오. 아이들을 따뜻하게 안아주고 비록 어리석은 짓처럼 보이더라도 아름답고 신나는 추억을 많이 만드십시오. 아이들에게 꾸물꾸물 기어 다니는 애벌레, 달팽이 같은 흥미로운 생물들을 볼 수 있는 기회를 주십시오. 아이들을 독서용 깔개에 모여 앉게 한 후 책 속의 보물을 아이들에게 느긋하게 펼쳐주시고 고학년이 되어 쓸데없는 고통을 겪지 않도록 아이들이 문장 반복 연습에 흥미를 가질 수 있도록 해주시고, 하루에 적어도 몇 시간은 아이들이 의자에 앉아 있도록 해주십시오.

그리고 필요할 때에는 정당한 화와 힘찬 비난을 마다하지 마십시오. 그리고 아이들의 마음은 거의 모른 채 불평등하고 불공정한 교육 체제(이들은 결코 여기에 이의를 제기하거나 비난하려 하지 않지요)에서 무엇이 효율적인지 안다고 자신하는 전문가들의 용어는 쓰지 말도록 하시고, 영혼을 파괴하는 교육 관행에 초연하도록 하십시오. 죽은 나무처럼 예상 가능한(뻔한) 것을 거부하십시오. 대신 예기치 않은 것을 받아들이십시오. 즐겁게 책을 읽어주십시오. 아이들의 흥미와 미감을 자극할 수 있다면 어리석어 보이는 행동도 마다하지 마십시오. 정해진 것에 얽매이지 말고 아이들의 기분과 마음에 따라 융통성 있는 수업을 하십시오. 대다수 아이들의 생활이 아무리 어려워도 아이들의 삶에 밝은 색 환희의 씨앗을 뿌려주십시오. 들꽃의 아름다움에 감탄할 줄 아는 여유를 가지십시오!

프란체스카 선생님, 선생님은 저한테 배운 게 많다고 하시지만 제가 선생님한테서 배운 게 더 많습니다. 이번 여행에서 돌아온 뒤 올 가을쯤에는 선생님의 어른스런 2학년 학생들과 다시 만나게 되기를 고대합니다. 즐거운 여름 보내시고 여행을 떠나시기 전에 아이들을 보게 되면 제 안부도 전해주십시오.

후기
프란체스카 선생님과의 대화를 회고하며

　내가 책 출간을 위해 모아놓은 이 편지들을 훑어볼 때 프란체스카 선생님은 보스턴의 학교에서 아이들과 함께 2학년으로 진급하기 전, 그러니까 1학년 과정을 가르칠 때 그 아이들과 행복했던 추억들이 그 외에도 많았다는 말씀을 하셨다. 그리고 그녀는 아이들과의 즐거운 대화와 소소한 사건들을 생생히 떠올리며 내가 자신의 수업을 참관하고 서로 편지를 주고받던 몇 달 동안 왜 그 이야기들을 하지 못했는지 아쉬워했다. 이 아름다운 순간들을 모두 열거하려면 지면이 50쪽은 더 필요할 것이다.

　그러나 프란체스카 선생님이 요구한 것 중에 그녀가 가장 중요하게 생각하는 듯 여겨지는 한 가지만을 추려보면, 그녀는 내가 미래의 교사들에게, 그녀가 초임 교사일 때 교실에서 늘 자신만만하고 걱정이 없었다—편지만 보면 이런 오해를 할 수 있을지도 모르니—기보다, 대부분의 교사들이 처음에 거의 필연적으로 겪게 되는 실망과 자기 회의를 경험했다는 점을 분명히 해주기를 바랐다.

　아마도 이 편지들을 쓸 때 나는 그녀의 활기찬 행동과 언제나 좋아 보이던 그녀의 기분과 도비를 비롯한 학급의 몇몇 아이들의 반항에 대처하던 능숙한 솜씨에 깊은 인상을 받았던 터라 그녀가 말하는 자기 회의의 순간을 포착하지 못했다.

　프란체스카 선생님은 내가 겨울 여행을 떠나고 없을 때 이런 순간이 닥쳤다고 회상한다. 그때 그녀는 아이들의 읽기 기술이 그녀가 예상했던 것만큼 빨리 늘지 않아서 갑자기 몹시 불안해졌던 것이다. 특히 1월의 흐리고 음울한 날씨—깨끗하고 유쾌한 눈이 아니라 비와 진창길—는 잠시 그녀의 마음에 깃든 우울한 기분을 더욱 우울하게 했다.

　게다가 엎친 데 덮친 격으로, 아이들이 받은 첫 통지표에 분개한 학부모 한 분이 항의하는 난처한 일까지 벌어졌다. 프란체스카 선생님은 근래에 아이가 숙제를 안 해오고 지각을 하는 일이 잦아졌는데 이렇게 아이의 행동이 바뀌게 된 이유가 무엇인지 물었던 것이다. 그런데 이 아이는 학급에서 가장 착하고 수줍음 많은 아이였다. 프란체스카 선생님의 표현에 의하면 "종종 자기만의 우주선을 타고 멀리 날아갔다가 곧 얼굴에 만족스런 웃음을 띠며 교실의 제자리로 돌아오곤 하는 어린 몽상가"란다. 프란체스카 선생님이 수업을 하고 있을 때 그 아이가 조용히 옆걸음으로 선생님 곁에 다가가 선생님이 아침 인사로 껴안아주기(hug)

257

를 참을성 있게 기다리며 응시하곤 하던 모습이 떠오른다.

"그 아이가 심술로 그러는 게 아니라는 걸 전 알아요. 숙제를 해오게 하려면 엄한 모습을 보여줘야 하는데 그 아이는 내가 저를 귀여워하는 걸 알지요."

더구나 그 아이의 어머니는 갑자기 화를 터뜨리기 선까지는 프란체스카 선생님께 아주 호의적인 분이었다고 한다.

"그분은 저한테 아주 친절한 분이었답니다! 제가 통지표를 나눠준 바로 다음날 그분은 학교로 달려와 교실까지 쫓아와서는 저한테 소리를 지르기 시작했어요. 아이들 앞에서 저한테 욕설을 퍼부어댔지요."

교장은 프란체스카 선생님께 그 학부모가 개인적으로 어려운 시기를 겪고 있어서 통지표가 그 학부모에게 마지막 펀치였던 셈이라고 말했다고 한다. 그러니까 그 아이의 어머니는 어머니로서 아이의 선생님에게서 듣고 싶지 않은 소식이 적힌 통지표를 보고 자신의 문제가 예상했던 것보다 아이에게 더 심각한 영향을 끼치고 있다는 것을 확인했던 것이다.

그러지 않아도 프란체스카 선생님은 아이의 집에 무슨 일이 있는지 묻는 투가 너무 공격적이고 퉁명스럽지 않았는지 걱정을 했다고 한다. 그 아이의 심각한 문제에 관해 전에는 말할 필요가 없던 터라, 즉 처음 알리는 문제였으므로 통지표보다는 여유로운 대화를 통해 알렸어야 했다고 프란체스카 선생님은 혼자 생각했다고 한다. 그 문제를 서투르게 처리한 것에 대해 자책했다고 한다.

그러나 뭐니 뭐니 해도 프란체스카 선생님을 가장 괴롭혔던 문제는 선생님이 사용하는 교수법 — 많이 써보게 하고, 갖가지 풍성한 어린이 책에 빠져들게 하고, 필요하다고 판단될 때에는 소그룹 발음 연습을 시키는 방식 — 이 싹을 틔우고 꽃을 피우기 시작할 때가 되었는데도 학생들의 읽기 실력이 늘지 않는다는 것이었다. 그래서 갑자기 자신이 믿는 것에 대한 막연한 불안에 압도되었다고 그녀는 회상한다.

일주일에 사흘 그 학교에 오는 읽기 지도 전문가에게 조언을 구한 뒤, 날마다 이어지는 연습을 통해 읽기 기술을 습득할 수 있도록 수업의 강도를 높이자 학생들의 읽기 실력이 좀 더 빠르게 향상되었다. 그러나 훨씬 더 경력이 많은 선생님이 지도하는 그 학교 1학년의 다른 반 아이들에 뒤지지 않는다는 평을 들을 때까지 그녀의 불안은 완전히 없어지지 않았다고 한다.

그녀는 이렇게 말했다.

"저 역시 아주 나약하고 실수투성이라고 느낄 때가 있었어요. 이를 분명히 알려야 한다고 생각해요. 교사들은 누구나 이런 불안의 시기를 겪게 될 테니까요. 이 점을 빠뜨린다면 사람들은 제가 처음부터 '뛰어난 교사'였을 거라고 잘못 생각할 거예요(우리가 흔히 농담 삼아 말하곤 하는, 손에 닿는 것을 모두 금으로 바꾸는 그런 초능력의 소유자라는 인상을 받게 될 겁니다). 선생님도 저도 그렇지 않다는 것을 알아요. 절대 그렇지 않지요. 특히 갓 교직에 들어선 선생님들은 이 사실을 꼭 알아야 해요. 그래야 일이 잘못되었을 때 너무 자책하는 대신 자신의 불완전함을 받아들이고 자신이 한 행동을 잠시 다시 생각해본 뒤에 다음으로 넘어갈 수 있을 테니까요……."

사실은 이렇다. 프란체스카 선생님이 교실에서 시도하는 것들은 굉장히 훌륭했고 젊은 신참 교사치고 프란체스카 선생님은 모든 일을 너무도 잘 처리했기 때문에 괜히 평을 한답시고 그녀의 의기나 열정을 꺾게 될까 봐 말을 아꼈던 것 같다. 게다가 나는 공립학교에 있을 때면 아이들의 말과 개성에 쉽게 정신이 팔려서 그녀가 자기 회의를 느낀다는 사실을 알아채지 못했던 듯하다.

교실의 아이들 속에서 움직이는 프란체스카 선생님의 모습에는 언제나 특별한 위엄과 차분함과 자부심이 넘쳤다. 그 위엄은 타고난 그녀의 성격이었고, 자부심은 아이들이 지적·인격적으로 성장하면서 서로 돕고 지지하는 법을 배운다는 생각에서 비롯되었다. 간혹 찾아오는 불안감은 차분함의 표층 아래에 있어 눈에 띄지 않았다. 그녀는 교실이 아이들에게 행복한 공간이기를 바랐고 아이들이 당신의 걱정을 눈치채 마음이 무거워지는 것을 원치 않았다. 그러나 아이들은 그 순간들을 감지했음에 틀림없다. 아이들은 그녀를 무척 좋아했기 때문에 늘 유심히 살폈으므로 그녀가 슬프거나 불안할 때를 놓쳤을 리 없다. 여하튼 수많은 교사들은 그녀의 솔직함에 고마워할 것이다.

옮기고 나서

번역하는 내내 십여 년 전 교사 생활을 할 때의 일이 머릿속에서 떠나지 않았다. 그래서 한편 즐겁고 뜻깊은 작업이었지만 다른 한편 가슴이 아려 힘겨울 때도 많았다. 내가 사회를 위해 할 수 있는, 유일하게 보람 있는 일이라 여기며 의기충천하여 교직에 들어섰건만 교육 현장의 실상은 기대했던 것과는 많이 달랐고 그래서 결국 그만둬야 했기 때문이다. 매일 학교에 갈 때마다 내가 제대로 하는 것인지 이상과 현실 사이에서 눈시울을 붉히던 일이 어제의 일처럼 생생하게 떠오른다. 내가 좀 더 일찍 이 책을 만났다면 다른 결정을 내릴 수 있지 않았을까 하는 생각을 해본다.

이 책은 촘스키와 함께 미국 사회의 비판적 지식인으로 꼽히며, 미국의 교사들에게 좋은 조언자이자 친구로 존경받는 조너선 코졸이 보스턴의 빈민 거주지에 갓 부임한 초등학교 1학년 교사

263

에게 보내는 편지 열여섯 통으로 구성되어 있다. 하나하나의 편지에는 초임 교사가 제기하는 문제를 중심으로 자상하고도 깊이 있는 견해가 펼쳐진다. 하버드대를 우등으로 졸업하고 로즈 장학생으로 옥스퍼드에서 수학한 뒤 파리에서 작가 수업을 받기도 했던 저자는 도심 빈민 지역에서의 교직 생활을 바탕으로 쓴 책 《이른 나이의 죽음(Death at an Early Age)》으로 내셔널 북 어워드를 받았고 그 외에도 《자유로운 학교(Free Schools)》, 《교사가 된다는 것(On Being a Teacher)》, 《문맹 미국(Illiterate America)》, 《야만적 불평등(Savage Inequalities)》, 《놀라운 은총(Amazing Grace)》, 《보통사람들의 부활(Ordinary Resurrections)》, 《국가의 수치(The Shame of the Nation)》 등의 저서를 집필했다. 오랜 기간 교육 현장을 돌아다니며 보고 들은 경험을 토대로 글을 쓰기 때문에 그의 책은 생생한 사례와 교육 현실에 대한 통찰력 있는 비판으로 가득하다. 이 책을 읽어보면 알게 되겠지만 특히 그는 아이들에 대한 사랑과 사회 정의를 향한 열정이 남다른 사람이다.

사회 구성원으로서의 도덕적 책무를 강조하며 부유한 집 아이건 가난한 집 아이건 모든 아이들에게 제대로 된 교육을 받을 수 있는 기회를 주기 위해 어떻게 해야 하는지 부단한 관심과 노력을 기울여온 저자는 교사들에게 아이들로 하여금 실상을 제대로 파악하고 자기 의견을 자신의 언어로 표현할 줄 아는 능력을 길러줄 것을 당부한다. 그리고 열악한 환경 속에서도 희망과 명랑함을 잃지 않고 살아가는 아이들에게서 오히려 더 많은 것을 배우게 된다는 것을 교육 현장에서 만난 아이들의 이야기를 통해 자연스럽게 알려준다. 그렇다. 설령 우리 교사들이 부조리한 현실에 맞닥뜨려 우울해지고 낙담하게 되더라도 잊지 말아야 할 것은 아이들과의 교감에서 힘을 얻어야 한다는 것이다. 통통 튀는 상상력과 솔직함과 명랑함을 지닌 아이들과 함께 하는 생활은 과연 축복일 것이다.

저자는 교육에서 가장 중요한 것은 교사와 학생 사이에 공감대가 형성되는 것이며, 그러기 위해서는 학생들을 진심으로 이해하고 교사의 의견을 진솔하게 이야기할 수 있어야 한다고 말한다. 마음을 열고 학생과 학부모를 대하면 서로 이해하고 신뢰할 수 있는 공감대가 형성되고 그러면 어렵다고 느끼던 문제도 잘 해결할 수 있다고 역설한다. 이외에도 교육 현장에서 맞닥뜨리게 되는 여러 문제를 어떻게 슬기롭고 현명하게 대처할지 실례를 들어가며 자상하게 설명한다. 책의 구석구석에 아이들을 사랑하는 저자의 따뜻한 마음이 스며 있다.

아울러 이 책은 현재 미국 교육의 실상과 문제점에 관해서도 상세히 알려준다. 미국도 한국의 교육 현실과 별반 다르지 않은가 보다. 교육 연수란 것이 바쁜 교사들을 모아놓고 뻔하고 형식적인 이야기를 하기 일쑤고 교육 행정가들은 교육 현장의 문제와는 동떨어진 탁상공론을 벌이고 학교에서는 전국 규모의 시험에 좋은 성적을 내기 위해 교육 과정을 파행적으로 운영하는가 하면 편의상 학생들에게 거짓말을 하고 복종을 강요한다. 요즘 한국에서 거론되는 교육 정책을 볼 때 고부담 시험이나 공교육 민영화, 바우처 제도의 문제점은 타산지석으로 삼을 만한 시의적절한 주제라고 생각한다.

그러나 무엇보다 감동적이었던 부분은 산만해진 아이들을 통제하기 위해 상상의 플루트 연주를 하던 선생님과 아이들의 아름다운 모습, 그리고 감옥에 있는 아버지에 대한 그리움으로 마음을 못 잡고 말썽을 부리던 도비가 글을 깨우쳐 선생님께 편지를 쓰게 된 일화였다. 이외에도 파인애플의 당돌함과 재치, 위험하다며 길을 안내해주겠다던 따뜻한 아이, 교육과정에 없는 시를 아이들에게 가르쳤다는 이유로 해고되었을 때 학부모들이 교사에게 보여준 의리 등 곳곳에서 생생하고 정겨운 일화가 등장하여 번역하는 재미를 더해주었다.

그 부분을 조금만 소개하면,

"그날 오전 제가 아이들과 토의 수업을 할 때 통제 불능의 상태가 되었는데…… 그 학급의 담임선생님은 제가 어떻게 대처해야 할지 모른다는 것을 눈치채시고는 저를 도와주셨습니다.

……그녀는 자리에서 일어나 한 손의 손가락들을 약간 구부린 채 입 바로 아래쪽에 붙이고 다른 한 손도 같은 방식으로 구부려 오른편 30센티미터쯤 되는 지점으로 뻗었습니다. 저는 그 학급이 제가 초래한 어수선한 상태에서 벗어나 차분해지는 것을 홀린 듯 지켜보았습니다. 아이들도 자리에서 일어나 갬블 선생님이 하는 것과 똑같이 했습니다. 모든 아이들이 한 손을 입 아래쪽에 붙이고 다른 한 손은 옆으로 뻗어 선생님을 똑바로 쳐다보았습니다.

그리고 나서 그 선생님은 나직하게 흥얼거리기 시작했습니다. 이어서 그녀는 그녀의 소프라노 음성으로 멜로디를 노래했고 몇몇 아이들도 자신의 음성으로 노래하기 시작했습니다. 그제야 비로소 이해가 되었습니다. 그것은 오케스트라였고 그들은 플루트를 연주하는 파트였던 것이지요. 아이들은 작은 손가락을 움직이며 플루트를 연주했습니다. 선생님이 마치 귀에 들리는 멋진 음악에 깊이 감동한 듯 몸을 비스듬히 기울이고 고개를 숙이면 아이들도 선생님을 따라 몸을 구부리곤 했어요.

……갬블 선생님은 노래를 부르며 손가락을 움직일 때 단지 플루트만을 연주했던 게 아니라 그녀 내부의 명랑함을 연주했고

아이들의 영혼 또한 연주했던 것이지요. 그녀는 나중에 저한테 그 학교 학생 중 3분의 1이 천식을 앓는다고 말해주었습니다. 뉴욕 시에서 그 학교 인근에 쓰레기 소각장 같은 유독한 설비를 설치했기 때문입니다. 그러나 그날 오전에는 어느 누구도 그런 것들을 짐작할 수 없었을 것입니다. 잠시 우리는 도시에서 2천 킬로미터쯤 떨어진 곳에 있는, 신선한 초록 향이 가득한 마법의 숲에 머무는 듯했고 숲의 요정들 중 어느 하나도 숨 쉬는 데 불편함을 느끼지 않았습니다."

"마침내 도비가 더 길고 더 조리 있는 문장을 노트에 적기 시작했을 때, 그리고 감정의 배출구를 열고 그때껏 꼭꼭 감춰왔던 고뇌를 더 많이 드러낼 수 있게 되었을 때, 선생님은 그동안 그 아이가 얼마나 많은 심리적 격량과 사회적 폭력을 겪었는지 알아내고 한 번 더 놀랐다고 저한테 말씀하셨습니다. ……그 아이가 집에서 몇 시간을 가야 닿을 수 있는 머나먼 매사추세츠 서부의 한 감옥에 있는(그 아이의 아버지는 아직도 수감 중이라고 하셨지요) 아버지를 방문했던 일요일 오후에 대한 감동적인 이야기를 선생님께 써 냈을 때 선생님은 그 글을 읽고 눈물을 흘렸다고 하셨습니다. 그리고 그 글을 선생님의 침실 벽에 붙여놓으셨다지요."

교직에 첫 발을 내디뎌 여러 가지 문제를 어떻게 해결해야 할지 난감해하는 초임 교사들은 물론 사회 정의가 무엇이고 교육이 나아가야 할 방향이 무엇인지 고민하는 교사들과 교육 전문가들에게 이 책이 많은 도움이 되었으면 한다. 아울러 교육 정책을 입안하는 교육 행정가들에게 미국 교육의 실상과 그 문제점을 파악하여 타산지석으로 삼을 기회를 준다는 점에서도 꼭 필요한 책이라 여겨진다. 진정한 교육이 무엇인지, 아이들이 자라 자신의 잠재력을 발휘하며 행복한 삶을 살게 하려면 어떻게 해야 하는지 고민하는 선생님들이여! 끝까지 용기를 잃지 마시고 아이들 옆에서 그들의 꿈과 희망을 길어내주시기를 바랍니다. 아울러 교사가 꿈이라던 현재를 비롯한 몇몇 학생들이 다음 해에 연극반 지도 교사가 되어달라고 그렇게 조르는데도 그만두게 되었을 때 실망하던 녀석의 얼굴이 잊히지 않는다. 녀석에게 미안하다고, 선생님을 용서해달라고 이 지면을 빌려 말하고 싶다. 혹 이 책을 펼쳐볼 다른 아이들에게도.

김명신

옮긴이 **김명신**

이화여자대학교 영어교육학과를 졸업하고
중·고등학교 영어교사로 재직했으며
현재는 전문번역가로 활동하고 있다.
옮긴 책으로는 《미스터 핍》, 《더버빌 가의 테스》,
《폭풍의 언덕》, 《마초로 아저씨의 세계화에서 살아남기》,
《끝나지 않은 2000년의 전쟁》, 《플랜더스의 개》,
《거울나라의 앨리스》, 《셰익스피어 이야기》,
《조앤 롤링》, 《마틴 루터 킹》, 《벤저민 프랭클린》,
《단순함에 대하여》, 《관심》 등이 있다.

젊은 교사에게 보내는 편지

1판 1쇄 발행 2008년 8월 25일
1판 8쇄 발행 2022년 2월 10일

지은이 조너선 코졸 | 옮긴이 김명신
펴낸곳 (주)문예출판사 | 펴낸이 전준배
출판등록 2004. 02. 12. 제 2013-000360호 (1966. 12. 2. 제 1-134호)
주소 03992 서울시 마포구 월드컵북로 6길 30
전화 393-5681 | 팩스 393-5685
홈페이지 www.moonye.com | 블로그 blog.naver.com/imoonye
페이스북 www.facebook.com/moonyepublishing | 이메일 info@moonye.com

ISBN 978-89-310-0619-3 03370

• 잘못 만든 책은 구입하신 서점에서 바꿔드립니다.

문예출판사® 상표등록 제 40-0833187호, 제 41-0200044호